AF588879

MAURICE PERROD

MAITRE GUILLAUME DE SAINT-AMOUR

L'UNIVERSITÉ DE PARIS

ET LES ORDRES MENDIANTS

AU TREIZIÈME SIÈCLE

PARIS

LIBRAIRIE DE FIRMIN-DIDOT ET CIE

IMPRIMEURS DE L'INSTITUT, RUE JACOB, 56

1895

MAITRE GUILLAUME DE SAINT-AMOUR

EN PRÉPARATION :

FRA SAVONAROLA

LA RENAISSANCE ARTISTIQUE, LITTÉRAIRE ET POLITIQUE
AU XVe SIÈCLE

TYPOGRAPHIE FIRMIN-DIDOT ET Cie. — MESNIL (EURE).

MAURICE PERROD

MAITRE GUILLAUME DE SAINT-AMOUR

L'UNIVERSITÉ DE PARIS

ET LES ORDRES MENDIANTS

AU TREIZIÈME SIÈCLE

PARIS

LIBRAIRIE DE FIRMIN-DIDOT ET Cie

IMPRIMEURS DE L'INSTITUT, RUE JACOB, 56

—

1895

A MESSIEURS

HENRI DE TOURVILLE

ET

BERNARD PROST

MES MAITRES ET MES AMIS

MAITRE GUILLAUME DE SAINT-AMOUR

L'UNIVERSITÉ DE PARIS ET LES ORDRES MENDIANTS

AU TREIZIÈME SIÈCLE

« *Pro et Contra.* »

I. — GUILLAUME DE SAINT-AMOUR ; SON PAYS ; SA FAMILLE ; SA JEUNESSE.

On a coutume de dire que le treizième siècle a été l'apogée du moyen âge. Cette formule, si l'on n'y prend garde, cache une erreur. Ce siècle n'a pas appartenu au même ordre social que ceux où s'est épanouie dans son plein et où a dominé la féodalité : les neuvième, dixième et onzième siècles. Il a marqué une époque vraiment nouvelle ; on y a vu éclater une transformation, une révolution sociale profonde, qui s'était fait jour à travers le douzième. L'intérêt de cette étude, dont le personnage central est « Maitre Guillaume de Saint-Amour », sera de montrer dans la vive lumière d'un épisode, que nous avons pris soin de connaître dans tous ses détails, quelques-uns des caractères originaux par lesquels le treizième siècle a hautement tranché sur l'âge précédent. Nous nous trouverons en présence de deux faits qui sont en opposition singulière avec l'époque féodale : la *puissance des cultures intellectuelles* et la *réaction contre la richesse*.

On pourra rencontrer dans cet épisode quelque chose du pathétique des combats de preux, mais on remarquera que ni chevalerie ni conquête des terres n'y ont aucune place. Et le temps était plus loin encore où la race franque avait été occupée tout entière à l'installation de ses domaines ruraux.

Le treizième siècle, en ses premières années, a vu naître et grandir, et, si je puis ainsi parler, il a vu le devancer dans sa course, pour arriver rapidement au plus haut degré de prospérité, l'*Université* et *les Ordres religieux Mendiants*, deux institutions d'origines différentes, à la vérité, mais que tout semblait devoir unir dans une paisible entente.

Il n'en fut rien pourtant, et bientôt s'éleva cette ardente querelle dont nous entreprenons le récit, que les uns ont appelée : *Turbatio magna Universitatis a Mendicantibus,* et les autres : *Ingens tribulatio Fratrum.* Rien n'en peut aujourd'hui, non plus que dans des temps moins éloignés des nôtres que ceux-là, nous donner une idée même affaiblie : les vieux chroniqueurs seuls nous en font l'exacte peinture.

La lutte, chaude de part et d'autre dans tous les rangs de la hiérarchie religieuse et savante, ne tarda pas à se concentrer surtout entre les chefs des deux partis et, seuls, ils parurent désormais en porter le poids.

Nous avons nommé Thomas d'Aquin et Guillaume de Saint-Amour.

Venus des deux pôles opposés de la société, ils se sont rencontrés sur le même terrain ; l'un, fils d'une race illustre, cousin des rois, portant le froc du moine mendiant, l'autre sorti du peuple et cachant à demi sous l'hermine des chanoines l'habit du prêtre séculier, vivante incarnation tous deux de ceux dont ils prennent en main les intérêts. Leur longue dispute, qui n'est, à tout prendre, qu'une phase éruptive de la rivalité, sourde parfois mais toujours en activité, des séculiers et des réguliers, leur longue dispute a tenu en suspens le monde chrétien qui autour d'eux a fait cercle, attendant l'issue du combat et la sentence du Pape, juge suprême. Quand celui-ci a prononcé, que le bras séculier a fait respecter la sentence, Thomas d'Aquin victorieux rentre dans son cloître et reprend ses paisibles études. Pour son intelligence lumineuse et féconde, la théologie n'a plus de secrets, il devient bientôt l'oracle de l'Université, l'Ange de l'École. Vaincu, exilé, Guillaume essaie de lutter contre l'oubli qui va reprendre son nom ; mais ses efforts sont vains, il succombe à la tâche et, depuis six siècles qu'il dort son sommeil de mort dans l'ombre d'un sépulcre ignoré, Thomas d'Aquin est assis sur le trône de la science ecclésiastique et, selon la belle parole de Lacordaire, la Providence ne lui a point encore envoyé de successeur ni de rival.

C'est au récit de cette lutte que nous consacrons les pages qui suivent. Nous voulons tenter de faire revivre le personnage de Guillaume de Saint-Amour, qui fut sans contredit l'une des plus originales et des plus saisissantes figures du treizième siècle ; nous voulons essayer de grouper autour de lui, comme jadis, l'innombrable armée des partisans de l'Université : évêques, docteurs, écoliers, qui l'entouraient aux jours de sa gloire. Et cet adversaire des Mendiants, nous voulons l'opposer de nouveau au Dominicain triomphant, au Frère Albert le Teuton, au Frère Bonaventure, à tous ceux que le péril avait unis contre lui ; nous voulons voir se dérouler encore une fois, dans tous ses détails, sur la scène même du moyen âge reconstituée d'après les documents originaux, ce drame unique dans l'histoire de l'Église de France.

On connaît la vie de Thomas d'Aquin, elle a été si souvent redite ; si nous sommes amené à en parler, ce ne sera qu'en passant. Venons immédiatement à Guillaume de Saint-Amour.

Tel nous le montrera sa vie, tel nous le font deviner ses traits, que nous a conservés une gravure du dix-septième siècle dessinée d'après les vitraux de la Sorbonne, où il était peint et qui furent détruits depuis. Assis dans une chaire de bois sculpté, drapé dans l'hermine et coiffé du bonnet de docteur en théologie, il semble plongé dans une profonde rêverie ; sa figure est maigre, anguleuse, énergique ; on lit la pensée sur son front droit, que bordent des sourcils minces et légèrement contractés en lui donnant je ne sais quel air fier et obstiné ; dans ses yeux, enfin, brillent l'intelligence et l'audace.

Voilà bien le Comtois : car il était de cette race courageuse et forte, à l'abord austère comme son pays, parfois rude comme son climat; il était le produit bien reconnaissable de ce sol dont l'enfant, au milieu d'une nature indomptable, devient comme elle indocile, peut s'assouplir, il est vrai, sous la main de qui sait le prendre, mais éclate et tourne facilement au sophisme quand on vient à l'irriter : ne lui demandez pas alors de s'arrêter en chemin, il ne sait rien être à demi et va jusqu'au bout de ses opinions (1).

Au treizième siècle, comme aujourd'hui, Saint-Amour, la patrie du docteur auquel elle a donné son nom, apparaissait sur une verte colline, laissant derrière elle les ondulations immobiles du Jura et embrassant du regard, dans un lointain vaporeux, au delà des grandes prairies et des vastes emblavées de la Bresse, au delà de la Saône qu'on voit parfois étinceler au soleil du matin dans les déchirures du brouillard, les monts du Mâconnais où se ferme l'horizon : ville petite s'il en fut, même après avoir vu rompre, au dix-septième siècle, par la main des Français victorieux, sa ceinture de murailles grises et s'être épandue par les brèches dans les jardins d'alentour; ville bien pittoresque encore, conservant en ses vieux quartiers, au fond de petites ruelles, des restes de remparts envahis par la mousse, des tourelles en poivrières, une tour plus massive qu'on prétend contemporaine de Guillaume et où la tradition place son cabinet de travail, près de maisons de pierre aux portes en ogives, aux toits aigus : toutes choses qui parlent du passé et font songer aux vieilles gens.

C'est là qu'en l'an 1202 naquit Guillaume (2).

(1) Citons au hasard quelques Francs-Comtois qui se sont illustrés dans la théologie ou la philosophie : Bullet, Bergier, Nonnotte, Gousset, Gaume, Blanc, Receveur, Donney, Gerbet, Busson, Gagelin, etc., etc., et aussi Fourier, Victor Considérant, Jouffroy, Proudhon, Bugnet, Tissot, etc.

(2) On a pourtant voulu enlever à Saint-Amour l'illustration de cette naissance. Nous défendrons brièvement ses droits et nous demandons d'avance au lecteur pardon pour ces détails arides, mais nous les croyons importants.

Le Nain de Tillemont (*Vie de saint Louis*, t. Ier, p. 145), qui écrivait au dix-septième siècle, dit en propres termes : « Guillaume estoit de la ville de Saint-Amour ou peut-être de quelque village d'auprès, qui n'estoit point du diocèse de Lyon comme Saint-Amour, mais de celuy de Châlon, puisque quelques-uns l'appellent Guillaume de Châlon, ou de celuy de Mâcon comme croit Du Boulay (*Historia Universitatis parisiensis*, p. 293, 685, 686), sans doute parce qu'il fust cité devant l'évêque de Mascon. »

Quelle était sa famille?

Les uns, pensant ajouter à sa gloire, le font sortir de la famille des Laubespin, seigneurs de Saint-Amour et autres lieux. Ils s'appuient, pour défendre leur opinion, sur les lignes qui suivent, extraites de son testament : « ... Item, donne et lègue aud. hôpital (de Saint-Amour) tous mes biens immeubles lesquelzs je n'aurois donné ni légué à aultre personne. *Et si Pierre mon nepveur et héritier a aulcung droict en aulcung de mes biens immeubles, je veux et commande qu'il remette ce droit en récompense de son institution...* » De là ces auteurs infèrent que Pierre, ce *nepveur*, et par conséquent son oncle, devaient être de la famille des seigneurs de Saint-Amour, puisque le premier avait pouvoir de faire remise de quelques droits, ces droits ne pouvant être d'après eux que ceux de *lods et ventes* des biens légués, qui étaient dus

Nous ignorons quels sont les historiens qui désignent Guillaume sous le nom de Châlon et nous n'avons vu nulle part qu'il ait jamais porté ce nom. Quant à l'insinuation explicative de Tillemont, elle tombe d'elle-même quand, en jetant les yeux sur une carte de cette époque, on voit quelle distance séparait Saint-Amour du diocèse en question.

Le surnom de *Matisconensis* s'explique aisément. Il est historique, du reste, mais n'implique nullement la naissance du docteur ailleurs qu'à Saint-Amour. Disons tout d'abord que Guillaume était chanoine de l'église Saint-Vincent de Mâcon et qu'à ce titre il relevait directement de l'évêque de ce siège; ajoutons enfin que la paroisse de Saint-Amour, bien que sur le territoire du diocèse de Lyon, relevait aussi du chapitre de Saint-Vincent et de l'évêque de Mâcon qui avaient été ses premiers seigneurs et étaient restés ses *curés primitifs*. Il n'est donc pas surprenant que, pour l'un ou pour l'autre de ces deux motifs, Guillaume eût été, alors qu'on l'accusait d'hérésie, cité à comparaître devant son juge naturel. (On sait que les *curés primitifs* étaient des membres du clergé séculier ou régulier, ou même parfois des communautés entières, qui percevaient les dîmes d'une paroisse et déléguaient, pour y exercer la juridiction spirituelle, des ecclésiastiques de leur choix, révocables à leur gré et portant le titre de *vicaires* ou simplement de *curés*.)

Le testament du docteur contient des legs importants à des villages voisins de Saint-Amour, mais Guillaume ne désigne aucun de ceux-ci ni plus particulièrement ni comme étant son pays d'origine, ce qu'il n'eût pas manqué de faire en cette occurrence; puis il réserve ses plus grandes faveurs pour la ville même de Saint-Amour. Et pourquoi donc enfin, s'il eût été des environs, aurait-il pris le nom de Saint-Amour que rien alors n'aurait désigné à son choix? Suivant une coutume de l'Université, à cette époque où les noms de familles n'étaient pas encore d'un usage général, surtout dans le peuple, les clercs joignaient à leur nom de baptême le nom du lieu de leur origine en le latinisant : *Guillielmus de Sancto Amore.*

Mais c'en est assez sur ce sujet d'une importance relative. Concluons que, suivant toute apparence, la tradition est bien fondée qui fait naître « le Maître » dans l'enceinte même de la petite ville du comté de Bourgogne.

à chaque mutation de propriétaire et que percevait le seigneur duquel relevait directement le domaine (1). S'il en eût été ainsi, s'il se fût agi d'un texte de loi positif, Guillaume n'eût point donné à cet article de son testament une forme dubitative : *et si Pierre, mon nepveur,* etc... Ne peut-on pas supposer, avec autant de raison, qu'il entendait garantir à l'hôpital qu'il avait fondé un legs sur lequel le légataire universel n'eût à exercer aucune reprise sous aucun motif, et ne pourrait-on pas rapprocher des lignes invoquées plus haut celles-ci, qui sont extraites des dernières pages du testament : « S'il advient que en ce testament la loy Falcidia eust lieu, je veux que mon héritier de tout ainsy des choses léguées en causes pieuses en puisse défalquer tant qu'il aye sa *quarte* entière » ; Guillaume n'a-t-il pas voulu excepter, par avance, l'hôpital de cette clause? Il suffit donc, pour écarter la supposition de ces historiens, de lui en substituer une autre, au moins aussi naturelle.

Dans ce même testament enfin, le docteur de Saint-Amour insiste beaucoup pour que ses parents, « ceux qui l'attouchent de lignaige » et sont « pauvres honnestes », aient la plus grande part des générosités qu'il fait aux malheureux de son pays natal; il en désigne plusieurs nommément et tout le reste de sa conduite, dans cet acte, nous le montre sous les traits d'un bourgeois du temps, enrichi, et distribuant avec un sage discernement la meilleure part de sa fortune à ses nombreux parents moins favorisés que lui. De naissance et de parents nobles, il n'en est pas question.

Ceci d'ailleurs n'est pas une pure discussion généalogique : il est curieux de voir, dans cette société que l'on croit volontiers si étroitement hiérarchisée, un homme que sa situation antérieure ne portait pas à la fortune, sortir du peuple et s'élever tout à coup à la richesse et à la réputation par le seul moyen de la culture intellectuelle.

La même tradition qui veut que Guillaume soit né à Saint-Amour

(1) Voir C. Saint-Marc, *Étude sur la vie et les ouvrages de Guillaume de Saint-Amour*, pp. 7, 27 et 28. Saint-Marc ajoute qu'il a cherché en vain dans la généalogie des Laubépin un seul membre du nom de Pierre.

et qu'il soit de médiocre condition, veut aussi qu'il ait fait ses premières études au couvent des Ermites de Saint-Augustin, depuis longtemps fondé dans le pays.

Cette opinion, que rien ne vint prouver, non plus qu'infirmer, n'a rien d'invraisemblable, et le haut degré de science auquel « le Maître » parvint dans la suite n'est pas plus une objection contre cette dernière hypothèse qu'il n'en saurait être une contre la modestie de sa naissance. Selon toute apparence, il n'y avait pas à Saint-Amour et bien loin à la ronde d'autre école que celle des moines. L'état social n'en comportait pas d'autres. « La religion occupait alors une si grande place dans les mœurs que chaque famille aspirait à consacrer un de ses membres au service des autels. Riches et pauvres, serfs et seigneurs venaient offrir à Dieu un de leurs descendants et sollicitaient pour lui l'habit du clerc ou la coule du moine. Toujours fidèle à ses nobles traditions, l'Église ouvrait ses rangs aux enfants de toutes les classes, sans distinction; elle n'exigeait d'autre recommandation que la vocation à l'état ecclésiastique ou religieux... On les acceptait dès l'âge le plus tendre afin de leur inculquer plus sûrement des habitudes régulières et de les assouplir aux exigences de la discipline... Aucun fils de race royale ne pouvait être entouré, dans son palais, de plus de soins que le dernier des enfants élevés dans les monastères (1). »

Le programme qu'on suivait dans ces écoles était le vieux programme des écoles romaines, invariable depuis Cassiodore. Après le *Trivium* qui comprenait la Grammaire, la Rhétorique et la Dialectique, venait le *Quadrivium* embrassant la Musique, l'Arithmétique, la Géométrie, l'Astronomie, et l'on avait ainsi parcouru le cycle entier des connaissances humaines :

Lingua, tropus, ratio, numerus, tonus, angulus, astra.

C'était, à la profondeur et à l'ampleur près, le même *Cursus* que les élèves devaient reprendre aux Universités célèbres, où leurs premiers maîtres les envoyaient terminer leurs études,

(1) Léon Maître, *Les Écoles épiscopales et monacales de l'Occident*, 2e partie, chapitre IV.

quand leurs dispositions naturelles ou leur application faisaient espérer d'heureux fruits de ce séjour aux foyers de la science.

Guillaume dut sans doute à son intelligence et à son ardeur au travail la rare faveur de venir à Paris, où nous le retrouverons désormais. Nous ne savons rien de plus précis sur lui. La suite de sa vie nous apprend qu'il reçut les ordres sacrés, « qu'il professa avec réputation la philosophie et le droit canon à l'Université de Paris, dont on écrit qu'il fut aussi recteur. Il enseigna ensuite la théologie; il était chanoine de Beauvais. L'Université, dans une lettre, l'appelle : *doctissimum clericum suum,* et dit de lui : *in cujus ore apud nos non est inventus dolus.* Le moine Richer l'appelle un homme très sage, très habile dans la philosophie et un orateur si éloquent pour son siècle que quand il parlait personne ne pouvait lui résister. Il était chapelain du Pape; l'Université l'appelle son très fidèle patron et assure qu'on ne le haïssait que parce qu'il était le très fidèle défenseur de ses droits » (1). C'est de Tillemont que nous tenons tous ces détails, sur lesquels nous aurons à revenir. Nous savons, d'autre part, que Guillaume était l'ami de presque tous les grands personnages de son temps, auxquels il faut ajouter Rutebœuf, et qu'il était l'intime de Robert Sorbon (2).

Pour l'instant il était confondu dans cette foule d'*escholiers* et de *Maistres* dont nous allons étudier l'histoire et les mœurs. Nous ne le rencontrerons plus désormais qu'au fort de la lutte, quand l'éclat de sa parole et la vivacité de ses attaques contre les religieux l'auront mis à la tête d'un parti presque victorieux, puis dans les amertumes de l'exil adoucies par les joies pures de la bienfaisance.

(1) Tillemont, p. 145. Pour vérification de ce qu'il avance, il renvoie à Matthieu Paris, p. 939; au *Spicilegium,* t. III, p. 410; à Du Boulay, p. 290, 291, 304, 685 et 686. Cet auteur, en ce dernier endroit, appelle Guillaume : *procurator nationis Gallicanæ, universitatis rector, ejusdem procurator generalis seu syndicus.*

(2) Robert de Sorbon fonda le collège qui porte encore son nom et dont nous aurons à parler plus loin avec détails. Il avait, dit-on, choisi pour premiers professeurs les trois docteurs les plus en renom de l'Université et, parmi eux, Guillaume de Saint-Amour, pour lequel il avait en outre une affection singulière.

Guillaume était aussi très aimé de Guillaume des Grez, évêque de Beauvais, mort en 1266, qui l'avait fait chanoine de sa cathédrale.

II. — L'UNIVERSITÉ DE PARIS; SON ORIGINE; SON ENSEIGNEMENT; SES PRIVILÈGES; SES MEMBRES ET LEUR GENRE DE VIE.

Paris, où vont nous transporter et nous retenir longtemps les exigences de notre récit, Paris venait d'être restauré par Philippe-Auguste. Bordant au loin les deux rives de la Seine que réunissaient le pont de bois ou *planche de Mibray* et le Grand-Pont construit par Charles le Chauve, enserré dans un nouveau corset de murailles et de tours, montrant son Louvre déjà « large et lourd », comme dit Hugo, construisant Notre-Dame, la vieille cité offrait presque ce merveilleux spectacle dont, à six siècles de distance, le grand poète nous a donné la vision. Mais ce qui faisait de Paris la ville unique au monde, c'était son Université.

L'efflorescence des villes, la constitution des Universités sont deux faits concomitants : ils ont surgi de la même cause, ils sont nés de la prospérité agricole, qu'avaient développée dans le Nord de la France les propriétaires francs, après avoir fait triompher sous la forme du régime féodal l'idée particulariste du domaine. Ce développement sans précédent de l'agriculture avait produit une richesse débordante; on était devenu, et rapidement, de plus en plus recherché, de plus en plus exigeant au sujet de la bonne qualité, de l'élégance des objets fabriqués, et il avait fallu que la fabrication sortît de la famille pour passer aux mains de spécialistes; ceux-ci trouvaient à vivre exclusivement du métier, l'aisance générale leur fournissant une clientèle étendue, qui ne regardait pas à la rémunération qu'on lui demandait. Les villes alors avaient repris de l'importance et de l'éclat : elles étaient le lieu naturel du marché où ces spécialistes de l'industrie pouvaient écouler leurs produits chez les ruraux, dont les domaines rayonnaient à l'entour. C'est cette agglomération étroite des artisans, jointe au fait qu'ils échappaient par leurs occupations et par leur éloignement à l'influence directe et intense des propriétaires particularistes, qui donna au mouvement d'émancipation des villes son caractère communautaire, exprimé dans une association à toutes fins, envers et contre tous, la Commune.

Cette même richesse n'avait pas tardé à amener un extraordinaire développement des cultures intellectuelles. Celles-ci n'ont guère de place chez des peuples où l'existence est remplie du matin au soir par un labeur absorbant, par l'âpre préoccupation du métier qui fournit aux besoins dominants de la vie. C'est quand le bien surabonde, quand les moyens de prospérité sont acquis et fonctionnent presque sans effort, que l'esprit se tourne au goût des choses savantes, aux beautés de l'art : il peut y donner des loisirs, il sait en apprécier l'éclat, qui rehausse celui de la fortune, il y peut consacrer des largesses. On est émerveillé du nombre de fondations qui, dès l'apparition des Universités, sont venues multiplier les écoliers, élargir leur existence, étendre et grandir le professorat. Le relèvement des villes ne contribuait pas peu à favoriser le groupement de tout un peuple d'élèves, qui devait demander au commerce urbain les choses nécessaires à la vie. Il y avait là une place toute marquée pour ces vastes corporations universitaires, qui prétendaient régler dans le détail la vie de ses membres, leur dicter en toute occasion leur conduite, répondre pour eux dans toutes les circonstances. C'était bien la renaissance des formes communautaires, appliquées aux spécialistes des cultures intellectuelles, comme la Commune les avait appliquées aux artisans.

De fait, on n'eût pas reconnu le Paris intellectuel des temps carlovingiens.

Les vieilles écoles jadis fondées par Charlemagne avaient peu à peu grandi. Celles de la rue du Fouarre (1) proche Saint-Julien le Pauvre, celles de la Montagne-Sainte-Geneviève jouissaient d'une réputation universelle, rivalisaient avec les écoles

(1) Fouarre vient de « feurre » qui signifie « paille ». Les écoliers s'asseyaient sur la paille pour entendre les leçons, ils faisaient de cette marchandise une grande consommation et de nombreux marchands s'étaient établis dans cette rue, proche des écoles, pour les en fournir.

étrangères, citaient avec orgueil les noms des savants qu'elles avaient formés (1) et pouvaient se glorifier d'embrasser dans leur ensemble toutes les connaissances du temps.

Insensiblement et pour obéir à ce renouveau d'esprit communautaire qui groupait d'autorité autour d'une même bannière et rangeait sous les mêmes lois les membres de chaque profession nouvelle que n'avait pas connue le régime féodal, maîtres et écoliers s'unirent, et comme on avait la corporation des parcheminiers, des libraires, des drapiers, etc., on eut la corporation de « ceux qui estudient à Paris », *Universitas scholarum*, comme disent aussi les chartes.

Ce n'avait été, à l'origine, qu'une association morale, sans aucuns liens, sans lois compliquées; chacun d'abord pouvait enseigner, si la faveur publique le désignait en quelque sorte et si son savoir était assez grand ou assez brillant pour être renommé. Il suffisait, pour être « maître », d'en obtenir « licence » du Chancelier de Notre-Dame, qui accordait cette permission moyennant une légère rétribution, et cela par simple mesure fiscale.

Peu à peu, cependant, et par la force des choses qu'amènent les tendances à la communauté, l'organisation se poursuivit et s'acheva en se compliquant. Suivant leurs pays d'origine, les écoliers se divisèrent en quatre « Nations » : France, Picardie, Normandie, Angleterre (à celle-ci se substitua bientôt la nation allemande); chacune d'elles se subdivisa en Provinces; chacune avait son doyen, son procureur et son bedeau ou appariteur, et le chef suprême de la corporation prenait le titre de Recteur. Tous, dans ce petit monde, étaient *clercs*, appartenaient théoriquequement à l'Église. L'Université formait donc une association ecclésiastique et comme telle relevait directement du Souverain Pontife. Ceci est important à remarquer et fait comprendre ces longues discussions, auxquelles nous allons assister, ces recours à Rome, ces condamnations, ces sentences d'exil même, portées

(1) Entre autres celui du médecin Ægidius de Corbeil, dont on a en ce siècle et très utilement réimprimé le célèbre traité : *De compositorum medicaminum virtute*.

par le Souverain Pontife, et l'inaction, je dirais presque l'indifférence apparente de Louis IX, n'intervenant qu'au dernier moment, sur l'ordre du Pape et pour faire exécuter ses arrêts.

C'est de Rome aussi que vinrent à l'Université ses premiers statuts. En 1209, Innocent III approuva ceux qui fixaient le costume des écoliers, car ils devaient être « vestus avec décence », réglaient les leçons des professeurs, les exercices des étudiants, déterminaient la somme à verser par chacun d'eux pour contribuer aux frais des funérailles des membres défunts de la corporation ainsi que les suffrages spirituels à acquitter pour le « plus prompt repos de leurs âmes (1) ».

Grégoire IX paraît être le premier qui ait distingué les degrés de *bachelier*, de *licencié* et de *maître* ou docteur ; mais l'origine de la distribution des sciences en *facultés* est plus ancienne. Dans le principe, on en comptait trois : les *Arts*, la *Philosophie* et la *Théologie*. Encore les deux premières n'en faisaient-elles qu'une pour ainsi dire, et n'est-il parlé que des arts de la théologie dans les Constitutions faites en 1215 par le cardinal de Saint-Étienne, légat d'Innocent III, de même que dans l'acte de donation fait en 1217 aux Jacobins. Les facultés de *Décrets* et de *Médecine* ne tardèrent pas à être constituées : l'acte de réforme de l'Université par Grégoire IX fait mention de celle des décrets, et la lettre des docteurs séculiers aux prélats du royaume de France contre les Jacobins (1253) les nomme toutes quatre en les comparant aux quatre fleuves du paradis terrestre.

Les *Arts* comprenaient le *Trivium* et le *Quadrivium*, dont nous avons parlé au paragraphe précédent. Ceux qui suivaient les cours de cette faculté étudiaient successivement les ouvrages de Donat, les Commentaires de Remi d'Auxerre, l'Abrégé de Priscien, la Métrique de Bède, des explications littéraires et rhétoriques de Matthieu de Vendôme ; puis venaient les œuvres d'Alexandre de Villedieu, d'Évrard de Béthune, d'Alexandre Neckam, de Jean de Garlande, et de beaucoup d'autres encore aussi inconnus de nos

(1) Voir Crevier, t. Ier, liv. Ier. — Du Boulay, t. Ier, p. 250 ; t. III, p. 557 et *passim*.

jours. Mais ils étudiaient à fond l'Art poétique d'Horace, la Rhétorique et la Poétique d'Aristote, les Topiques et le traité de la Consolation de Boèce, ainsi que son Arithmétique, l'Introduction de Porphyre et les Livres d'Euclide. La matière, on le voit, était vaste; ils l'étendaient encore en traitant, sous le nom d'arithmétique, le comput ecclésiastique, les épactes, le nombre d'or, les indictions, les concurrents, la lettre dominicale, etc., etc.; sous celui de géométrie, tout ce qui est mesurable, dans quoi ils faisaient rentrer la géographie, comme dans l'astrologie ou astronomie l'histoire des voyages et de la navigation. Quant à la musique, elle comprenait, outre le chant ecclésiastique, de longues considérations sur l'harmonie universelle des êtres qui composent la Création.

Le droit était presque exclusivement *canonique;* c'était, pour ainsi dire, une partie de la théologie. « A l'origine, nous dit l'abbé Bouret, l'étude des *Saints Decretz* n'était point séparée de celle de la théologie; les canons des conciles et les décisions suprêmes des papes n'étaient qu'un lieu de preuves, une confirmation de la thèse, comme les emploient encore, du reste, les auteurs qui traitent du dogme et de la morale. Ce n'est que peu à peu, lorsque l'Église étendit sa puissance et avec elle les lois qui devaient la défendre, que cette branche des sciences ecclésiastiques prit une grande importance et tendit à se distinguer en un corps de doctrine spéciale... Vers le milieu du quatorzième siècle, cette séparation paraît accomplie (1). »

Presque toutes les charges de judicature étaient aux mains du clergé, et les professeurs enseignaient à la fois le droit civil et le droit canon. Vers la fin du onzième siècle, il existait à Pise un manuscrit des *Pandectes* de Justinien. Quand, cent ans plus tard, on le publia, ce fut comme une révolution, on se livra avec passion à l'étude du droit romain (2). Le clergé fit comme tout le monde; mais, poussés par l'ambition, beaucoup de ses membres dédaignaient la théologie pour devenir docteurs *ès loix*, juges

(1) *Discours sur l'ancienne Faculté de Décrets de Paris* (5 décembre 1864).

(2) Voir Savigny, *Histoire du Droit romain au moyen âge*, t. III, p. 79-317.

dans les tribunaux, etc , etc., charges qui les conduisaient rapidement aux honneurs et à la fortune.

Le livre qu'on suivait alors était le *Décret de Gratien;* il servait de texte aux leçons de droit, comme le *Livre des Sentences* à celles de théologie. Jusqu'alors, Bologne avait été le centre de cette étude. Paris l'effaça bientôt et put citer avec orgueil les noms de Gérard-la-Pucelle, d'Anselme de Paris, de Matthieu d'Angers, d'Étienne de Paris, qui devinrent tous évêques, et d'un grand nombre d'autres encore (1).

Les médecins suivaient les vieilles méthodes empiriques du passé et s'en rapportaient, comme à des oracles, aux moindres paroles d'Hippocrate et de Galien. Ils firent cependant faire quelques progrès à la pharmacie, l'on étudia davantage et l'on sut mieux utiliser les vertus des simples; mais l'anatomie n'était point connue.

Mais où l'Université n'avait point de rivale, c'était dans l'enseignement de la philosophie et de la théologie.

La doctrine péripatéticienne était en honneur, non point telle que nous la connaissons aujourd'hui, mais telle qu'on la pouvait avoir alors. Car, si l'on possédait, outre l'*Organon*, les principaux écrits d'Aristote plus ou moins récemment rendus à la lumière, comme la Physique, le Traité de l'Ame, la Morale, la Politique et la Métaphysique, ces œuvres n'étaient venues aux mains des docteurs de Paris qu'en passant par de multiples versions du grec en hébreu, d'hébreu en arabe et d'arabe en latin. On les connaissait surtout aussi par les commentaires des rabbins juifs et des docteurs musulmans, qui les avaient traduites en les regardant à travers le prisme coloré de leurs croyances religieuses. Dans ces pérégrinations malsaines, elles s'étaient profondément altérées; le panthéisme, le matérialisme, s'y étaient infiltrés et pénétraient avec elles dans l'école. Armés de leur logique impitoyable, les maîtres du moyen âge mirent bientôt ces systèmes en évidence, et leur subtilité les présentant ou les interprétant sous une forme qui leur donnait l'apparence du sérieux

(1) Voir Crevier, t. Ier, p. 241.

et de la profondeur, ils les firent apparaître comme une conclusion nécessaire de la doctrine d'Aristote, le dieu de l'École.

Les meilleurs esprits s'y trompèrent parfois et la croyance chrétienne fut mise en péril dans un certain nombre d'âmes. On en vint même à douter de la résurrection des corps au jour du jugement dernier (1); on professa le panthéisme pur, et il ne fallut pas moins que des condamnations sévères de la part du Saint-Siège pour conjurer le fléau sans cesse croissant et menaçant.

L'hérésie la plus considérable, résultat de ces erreurs, est celle d'Amaury de Bène ou de Chartres, comme on le nomme quelquefois. Elle se rattache à notre récit, parce que c'est d'elle que procède *l'Évangile éternel*, dont nous aurons à nous occuper; assez curieuse d'ailleurs par elle-même, elle mérite que nous en disions quelques mots.

Amaury était né à Béna, près de Chartres; il enseigna longtemps la Logique et l'Écriture Sainte et soutenait dans ses cours, parmi d'autres erreurs moins considérables, celle-ci : que tout chrétien devait croire, comme article de foi, qu'il est à proprement parler un membre de Jésus-Christ, c'est-à-dire de Dieu fait homme. Condamné par Innocent III, en 1204, Amaury dut se rétracter publiquement. Ses disciples exagérèrent encore sa doctrine et, cinq ans après, un concile provincial ayant appris que c'était parmi eux que se recrutaient surtout les *Cathares* (2), le déclara excommunié; et, comme il était mort, on exhuma ses restes pour les disperser. Quant aux malheureux qui tenaient pour ses opinions sans vouloir se convertir, quatorze furent poursuivis. Dix furent brûlés, trois mis en prison pour le reste de

(1) Maurice de Sully, le grand évêque de Paris, crut devoir, pour protester contre cette erreur, commander qu'on plaçât sur sa poitrine après sa mort et qu'on déposât avec lui au tombeau un rouleau de parchemin portant écrits ces mots de Job : « Je sais que mon Rédempteur est vivant, etc. » Cela se passait en 1196.

(2) Les Cathares, comme les disciples d'Amaury, prêchaient un règne de l'Esprit, qui venait remplacer l'Évangile, comme celui-ci avait remplacé la Loi ancienne. Les sacrements devenaient inutiles, la charité seule subsistait et excusait tout, même les pires mœurs, qu'ils pratiquaient sans scrupule en disant : Ce que nous en faisons, c'est par charité pour notre prochain. Ils niaient aussi le ciel, l'enfer, la résurrection, etc.

leurs jours et il y en eut un qui se fit moine avant qu'on pût l'atteindre. Le concile de Paris (1209), qui se montrait si terriblement sévère, voulut extirper jusqu'à la racine du mal et, comme tous ces hérésiarques prétendaient se justifier en se réclamant d'Aristote, il fit défense d'étudier et d'enseigner les livres d'Aristote ainsi que leurs commentaires. Cette condamnation fut renouvelée et confirmée par deux fois, en 1215 et en 1265, par des légats du Pape, envoyés à Paris pour régler les affaires de l'Université, mais qui tous deux cependant exceptèrent de leur défense la *Dialectique* du Péripatéticien. Ce ne fut qu'en 1366 que furent autorisés la lecture et l'enseignement de tous les écrits d'Aristote (1).

Mais c'en est assez sur ce sujet. Venons à la théologie. Le texte des leçons était le *Livre des Sentences* de Pierre Lombard, qu'expliquait le *licencié*, ou le *bachelier*, sous la surveillance du *maître* et pour le devenir lui-même. Ce livre, composé vers le commencement du douzième siècle, était un abrégé de théologie assez complet, rapportant sur chaque point les arguments des Pères de l'Église, les rapprochant les uns des autres et les accompagnant, quand le besoin s'en faisait sentir, d'un commentaire sobre et clair. Ce livre se divisait en quatre parties : Dieu cause de toutes choses ; la création du monde et les rapports du créé au Créateur ; la Rédemption et ses conséquences ; les sacrements et les fins dernières (2).

(1) Voir Jourdain, *Philosophie de saint Thomas d'Aquin*, t. Ier, p. 40 ; Martène, *Thesaurus nov. anecdot.*, t. IV, p. 166.

Le même concile de 1209 condamna aussi au feu les *quaternali* de David de Dinant, qui, comme Amaury, avait puisé ses doctrines panthéistes dans les écrits des Juifs venus d'Espagne.

Les Universitaires n'étaient pas seuls à avancer des erreurs, et nous trouvons qu'en 1240 Guillaume de Paris fit condamner par tous les régents de l'Université assemblés dix propositions de professeurs dominicains et franciscains. Voici les principales : 1° que l'essence de Dieu ne sera vue ni de l'homme, ni des anges ;... 4° qu'il y a plusieurs vérités éternelles qui ne sont pas Dieu même ;... 6° que le mauvais ange a été mauvais dès le premieri nstant de la création ;... 8° qu'un ange peut être partout à la fois ;... 10° que les démons n'ont pas eu de secours pour ne pas succomber, non plus qu'Adam pour demeurer dans l'état d'innocence.

(2) Voir l'abbé Pierrot, *Histoire de la théologie au douzième siècle*. On a souvent reproché à Pierre Lombard de n'être que la compilateur d'un certain Allemand, Bandinus. Mais c'est au contraire celui-ci qui a compilé Lombard, ainsi que le prouve un

La faculté de Théologie éclipsait ses sœurs et, plus favorisée qu'elles, n'avait point de rivales en Europe. « La faculté de Théologie, écrit Thomassin, ayant toujours été la plus renommée, le Pape créait plusieurs Universités, en France et ailleurs (1), mais n'y établissait point de faculté de Théologie, comme si celle de Paris eût été suffisante pour toute l'Europe. » Aussi se fait-on facilement une idée de la considération dont jouissait le *maître* en cette science : il était reconnu et salué partout comme la personnification éminente de la théologie, dont personne alors ne songeait à contester la prééminence sur les autres connaissances humaines. Le nombre en était d'ailleurs fort restreint : chacun devait, pour arriver à ce poste envié, étudier pendant longtemps, sept ans au moins, professer ensuite l'Écriture Sainte, expliquer un livre de l'Ancien puis du Nouveau Testament, et aborder enfin l'interprétation publique du *Livre des Sentences* qui lui ouvrait la carrière (2).

Puis les chaires publiques étaient en petit nombre : Innocent III l'avait réduit à huit, afin, disait-il, « qu'une multitude sans ordre ne vienne pas en avilir la fonction ». Au temps de Guillaume de Saint-Amour, c'est-à-dire vers le commencement de la seconde moitié du treizième siècle, les chaires de théologie étaient au nombre de douze : le cloître Notre-Dame en avait trois, les docteurs séculiers sept, et les Jacobins deux.

Le nombre des docteurs des autres facultés était moins limité, mais le noviciat pour y parvenir était tout aussi long. « Pour être admis à suivre les cours, les écoliers sont tenus de savoir la grammaire, la logique et une partie au moins du livre de l'année. Pour être licencié il faut avoir étudié toute la physique et un peu de mathématiques; pour passer maître, la Morale d'Aristote et au moins les trois premiers livres des Météores (3). »

manuscrit trouvé en Allemagne et qui a pour titre : *Abbreviatio magistri Bandini de libro Sacramentorum magistri Petri, Parisiensis episcopi.*

(1) Voici la date de fondation des Universités du treizième siècle : Paris, 1200, — Oxford, vers 1206, — Palencia, 1208, — Valence, 1209, — Toulouse, 1215, — Salamanque, 1223, — Naples, 1224. — Padoue, vers 1228, — Cambridge, 1230, — Upsal, 1240, — Rome, 1245, — Montpellier, 1283, — Lisbonne, 1290.

(2) Voir Échard, t. Ier, p. 98.

(3) César Cantù, *Histoire universelle*, t. X.

Les grades, dont nous avons déjà dit un mot et dont le suprême était celui de *maître* ou *docteur*, s'obtenaient successivement. Venait d'abord celui de *bachelier*. Les bacheliers commençaient à enseigner avec le titre de *biblici*, puis avec celui de *sententiarii*, suivant qu'ils exposaient la Bible ou les Sentences. Et leur nom générique de *bacillarii* ou *bacaliri*, *a bacillo*, leur venait soit du petit bâton qu'on leur donnait comme insigne de leur dignité, soit du surnom des jeunes apprentis soldats qui s'essayaient avec des bâtons au maniement des armes. Après les études et les cours publics d'usage, les bacheliers étaient *licenciés* par le Chancelier de l'Église de Paris, ou Écolâtre de Notre-Dame (1), puis, après trois autres années, étaient admis à faire le cours solennel ou thèse inaugurale, dans la salle des audiences de l'Évêché de Paris, et y recevaient en présence de toute l'Université le bonnet de *docteur*.

Le Chancelier de Notre-Dame partageait avec le Chancelier de Sainte-Geneviève et le *Syndic* de l'Université (2) le soin de défendre celle-ci dans les nombreux procès qu'elle avait à soutenir, puis correspondait avec le Souverain Pontife pour toutes les affaires de la corporation.

Au-dessus de tous était le *Recteur*, que la charte de 1202 appelle *Capital scholarium*. Il était élu par les représentants des quatre Nations et toujours pris parmi les maîtres ès arts. C'était lui qui recevait le serment prêté par les nouveaux dignitaires, présidait les assemblées générales, rendait la justice en première instance, examinait les candidats aux grades de chapelains, de procureurs, etc. Il comptait parmi les plus grands personnages de la capitale, avait le pas sur les évêques, les cardinaux et même le nonce du Pape dans tous les actes publics de l'Université; puis, s'il venait à mourir dans la durée de sa charge, on lui rendait les mêmes honneurs qu'à un prince du sang et on l'inhumait dans les caveaux de Saint-Denis (3).

(1) Le Chancelier de Sainte-Geneviève prétendit avoir le même droit et en jouit quelque temps.

(2) Cette charge avait été instituée en 1203, par Innocent III.

(3) Voir Du Boulay, Crevier, et Barbier, *Journal de Paris*, t. Ier, p. 273.

Voilà à peu près le cadre hiérarchique qui contenait l'Université proprement dite, c'est-à-dire la foule des *escholiers*. Nous aurons l'occasion d'en parler de nouveau à plusieurs reprises, car nous verrons Guillaume de Saint-Amour revêtu tour à tour de presque toutes ces dignités, depuis celle de Syndic de la Nation de France jusqu'à celle de Recteur.

Nous avons fait remarquer plus haut avec quelle faveur les Papes avaient vu le développement de cette institution nouvelle de l'Université et comment ils l'avaient favorisée. Les rois de France, pour conserver à leur capitale la suprématie intellectuelle qu'elle avait acquise, lui accordèrent de nombreuses immunités, mais, redisons-le une fois encore, sans jamais s'immiscer dans son gouvernement intérieur; tous leurs règlements, ordonnances, statuts, n'avaient qu'un but, procurer à l'Université toutes les libertés nécessaires pour qu'elle pût grandir et se développer. Ce fut à Philippe-Auguste qu'elle dut l'existence légale; il la lui conféra par sa charte de l'an 1200, en même temps qu'il lui reconnut de nombreuses et considérables franchises (1). Louis IX, le roi juste par excellence, la confirma dans tous ses droits, en l'an 1228, par une ordonnance restée célèbre.

Dès son arrivée à Paris, l'étudiant commençait à jouir de ces privilèges. Il se mettait tout d'abord en quête d'un logement. Quand il en rencontrait un à son gré, si c'était dans le *Quartier latin*, et il en était presque toujours ainsi, il en pouvait déloger le locataire primitif à moins que celui-ci n'appartînt lui-même à l'Université; le loyer était-il excessif? le Recteur le réduisait à un prix modéré, et le propriétaire de la maison ne pouvait, sous aucun prétexte, se priver de ce locataire parfois gênant. Si même le voisinage d'un tonnelier, d'un tourneur, d'un chaudronnier, d'un forgeron ou d'autres artisans bruyants ennuie notre écolier, ceux-ci devront s'éloigner, bon gré mal gré. Quand vient à mourir le père d'un de ceux « qui estudient à Paris », les livres qu'il a achetés à son fils ne sont point comptés dans la part d'héritage de

(1) Voir Du Boulay, Crevier, Dulaure, et surtout *Petri Rebuffi Montpessulani J. C. in privilegia et immunitates universitatum, doctorum, magistratum et studiosorum commendationes enucleatissimæ* (Anvers, 1583).

celui-ci; ces mêmes livres, comme l'outil de l'ouvrier ou les armes du soldat, ne peuvent être saisis ni prêtés en gages avant que le possesseur ait terminé ses études.

L'étudiant, comme le maître, est libre de tout service et de toute charge publique; il n'est pas soldat, il ne peut être excommunié sans la permission du Recteur; il peut étudier, entendre et donner des leçons les jours de dimanches et de fêtes. Bien plus, la charte de 1200 enlève les membres de l'Université à la justice civile pour les laisser aux tribunaux ecclésiastiques, consacrant ainsi une fois de plus le privilège du Clergé, qui a seul le droit de juger ses membres (1).

Ce qui détermina le roi de France à prendre ce parti, ce fut une querelle entre les étudiants de la Nation allemande et les bourgeois du faubourg Saint-Marcel. Le Prévôt de la ville, à la tête du guet et des habitants de la ville, avait *chargé* les écoliers et en avait tué cinq. Philippe-Auguste, devant qui fut portée plainte, se déclara en faveur des étudiants, condamna le Prévôt de la ville à la prison perpétuelle ainsi que les bourgeois convaincus d'avoir pris part à ces meurtres et rendit la fameuse ordonnance qui fit loi désormais : « Tout bourgeois de Paris, y est-il dit, devra jurer que, s'il voit un laïque faire tort à un écolier, il en portera témoignage. Si c'est avec une arme, un bâton, une pierre, que l'on attaque un écolier, les laïques se saisiront du coupable quand ils seront témoins de cette action. Et qu'ils ne se détournent point pour ne pas voir, pour ne pas être obligés d'arrêter ces coupables ou de porter témoignage! Le Prévôt royal, ni la justice royale pour quelque délit que ce soit, ne porteront la main sur un écolier à moins d'un fait grave et d'un flagrant délit; dans ce cas, on ne pourra le frapper, mais on pourra le remettre à la justice ecclésiastique. » Le tribunal ecclésiastique jugeait en premier et dernier ressort, sauf appel à Rome, mais seulement pour ce qui concernait la corporation. Les peines les plus fréquentes étaient la prison et la fustigation, qui se donnait en présence du Recteur et d'un procureur.

(1) Voir Troplong, *Pouvoir de l'Etat dans l'Enseignement*, p. 86 et suiv.; Crevier, t. Ier, p. 262, etc.

Pendant quatre siècles à partir de cette époque, les Prévôts de Paris jurèrent en entrant en charge d'observer les statuts que nous venons de rapporter. Quand par hasard ils outrepassaient leurs droits et, sans avoir égard au « bénéfice de clergie », osaient mettre la main au collet d'un étudiant tapageur et le conduire en prison, l'Université aussitôt réclamait au nom de ses franchises; la foule de ces jeunes gens qui aimaient le bruit et étaient jaloux de leurs droits s'agitait en des réunions tumultueuses, les maîtres suspendaient leurs cours, le quartier latin faisait grève, jusqu'à ce qu'enfin on eût cédé à ses exigences et condamné les vrais coupables.

L'Université avait aussi le droit exclusif d'enseigner les sciences supérieures; c'était à peu près ce que nous nommons aujourd'hui le monopole de l'enseignement secondaire; elle seule conférait les grades et les chaires où l'on pouvait énoncer, propager et défendre ses idées.

Voilà, dans leurs grandes lignes, les privilèges principaux de l'Université de Paris. De si considérables faveurs, aussi bien que la renommée des maîtres qui s'asseyaient dans ses chaires, ne pouvaient manquer d'attirer la foule : « L'Égypte, Athènes et quelque cité que ce soit, dit un chroniqueur, qui ait jamais fleurie par les sciences, cèdent la suprématie à celle-ci; car, en comparant ceux qui allaient chercher dans leur sein la science terrestre à ceux qui demandent à Paris la science céleste, Athènes ne peut lui être comparée que sous ce rapport, que les doctes y occupent aussi le premier rang (1) ».

Les écoles étaient nombreuses : Saint-Germain des Prés, Sainte-Geneviève, le Cloître Notre-Dame, la rue du Fouarre (où s'enseignaient les Arts), le Clos Bruneau (ou Bruniau, où l'on étudiait les Décrets) et surtout la Sorbonne. Fondée en 1256 par Robert appelé de Sorbon, du nom de son pays natal, elle était destinée à recevoir les étudiants en théologie que leur pauvreté aurait éloignés de l'étude de cette science. Dans son testament, ce fondateur la désigne sous le nom de *Congrégation des pauvres maîtres*

(1) Guillaume le Breton, *Philipp.*, liv. Ier. Voir aussi Du Boulay, t. II, p. 484; Rigord, *Chronic. de gestis Philippi Augusti*, p. 50, et Albericus, p. 451.

étudiant à la faculté de Paris. Elle devint bientôt la Faculté de Théologie proprement dite et le titre de docteur en Sorbonne, ou de *Socius Sorbonicus,* fut pendant longtemps le plus recherché des titres universitaires.

Très nombreux aussi étaient les élèves. Cantu en compte 30.000 et Ozanam 40.000 (1), ce qui est considérable, mais n'a rien qui doive surprendre. On accourait à Paris de tous les points du monde civilisé : de l'Allemagne, de la Norvège même, et c'est des Anglais qu'il est dit dans une chronique du douzième siècle :

Filii nobilium, dum sunt juniores,
Mittuntur in Franciam fieri doctores.

Le pape Alexandre III y envoya beaucoup de jeunes gens de l'Italie; les Vénitiens y firent instruire ceux des leurs que leur naissance appelait aux grandes charges de la République; les Universités étrangères se dépeuplaient; Alexandre IV envoyait à Paris ses deux neveux; l'empereur Beaudoin y fit séjourner des Byzantins. De grands personnages écrivaient au roi de France pour lui recommander leurs parents ou leurs compatriotes qui venaient étudier à Paris. Le sénat de Rome le pria de protéger les jeunes Romains qui s'initiaient aux sciences sacrées dans ce « boulevard de la foi catholique », comme parle Du Boulay.

En 1256, Alexandre IV écrivait : « Paris remplit l'univers de la plénitude de sa science, répand les lumières de l'intelligence, chasse les ténèbres de l'ignorance, révèle au monde les secrets de la connaissance. C'est la cité renommée des lettres et des sciences, la première école de l'érudition. »

L'abbé du monastère de Bonne-Espérance, au diocèse de Cambrai, Dom Philippe, disait déjà en 1150 à un jeune homme qu'il aimait : « Comme la reine de Saba se rendit près de Salomon, afin de s'assurer par elle-même de tout ce qui lui était rapporté sur sa haute sagesse, vous êtes allé à Paris poussé par l'amour de la science et vous y avez trouvé ce que tant d'autres désirent ardemment, une petite Jérusalem. Là, en effet, David chante ses

(1) Cantu, *Hist. universelle;* — Ozanam, *le Dante et la Philosophie catholique.*

cantiques inspirés sur son psaltérion à dix cordes; là, Isaïe dévoile les mystères de ses oracles; là, tous les prophètes accordent leur voix et font entendre un concert ravissant... Là, enfin, les portes de la science s'ouvrent à tous ceux qui savent frapper; les clercs s'y pressent en si grand nombre qu'ils semblent rivaliser avec la foule immense des laïques. Heureuse ville, où les Saints Livres sont étudiés avec une si noble passion, où leurs profonds mystères sont enseignés sous l'influence même de la lumière divine qui éclaire les esprits, où l'ardeur des étudiants est si grande et où si grande est la science des Écritures, qu'elle mérite bien d'être appelée une autre Cariatspher (1). »

Les étudiants qui accouraient de toutes parts se recrutaient surtout parmi les meilleurs élèves des écoles monacales. En arrivant à Paris ils se réunissaient à leurs confrères de même pays qu'eux, se choisissaient un surnom et subissaient joyeux les éternelles brimades qui n'ont point encore disparu de nos mœurs écolières et que les « anciens » imposaient à tout nouveau. C'était le droit de *béjaune* célébré par Villon dans ses *Repues franches.* Comme terme de fauconnerie, *béjaune* signifie un oiseau jeune et timide qui a encore son bec jaune. Or, les étudiants exigeaient de leurs nouveaux camarades que ceux-ci payassent leur *béjaune,* et tandis que les premiers buvaient joyeusement aux frais du « nouveau », celui-ci subissait sans répondre toutes les avanies possibles et les mille plaisanteries écloses spontanément de cerveaux fertiles en ce genre d'invention. Cette cérémonie burlesque, *le baptême des béjaunes,* présidée par un étudiant railleur portant le titre plaisant d'*Abbé des béjaunes,* se célébrait le jour des Saints-Innocents, patrons tout désignés pour des néophytes.

Toute fête a son lendemain, mais le jour d'après ramenait les cours. Les cours se tenaient ordinairement le matin, et le soir avaient lieu les argumentations publiques. Les pauvres suivaient gratuitement les exercices scolaires; quant à leur entretien, des fondations pieuses et des aumônes y pourvoyaient. Quelques-uns, comme l'avait fait l'évêque de Paris, Maurice de Sully, se suffi-

(1) *Cariatspher,* cité des lettres. Nous extrayons cette lettre de Du Boulay, t. II, p. 252.

saient à eux-mêmes en donnant des répétitions, en se faisant les serviteurs des étudiants riches ou en remplissant de petits emplois comme de porter, suivant une antique coutume française, l'eau bénite dans les maisons le dimanche après la grand'messe. Les plus riches payaient une faible rétribution ; les plus grandes dépenses étaient pour les livres, rares alors, volumineux et coûteux parchemins, et aussi pour le vivre et le couvert.

Souvent, pour alléger ce dernier poids, ils se réunissaient plusieurs en des hôtelleries où ils vivaient en commun, comme aussi chez des particuliers, qui mettaient à leur disposition ce que nous appelons aujourd'hui des maisons de famille et qu'on nommait alors des *messageries*. Elles méritaient ce titre, en ce sens que les propriétaires étaient auprès des étudiants les représentants, les messagers de leurs familles respectives.

Tous n'apportaient pas au travail la même intelligence ni surtout la même ardeur. Les uns, studieux, enthousiastes du savoir, entouraient les chaires des professeurs célèbres, disputaient entre eux en des joutes savantes, où les syllogismes se croisaient, comme ailleurs les épées, et assuraient à cette époque le renom, qu'elle a toujours conservé, d'âge d'or de la scolastique.

D'autres, venus de leurs gentilhommières de province, trouvaient à Paris pour satisfaire leurs passions des facilités qui leur eussent toujours fait défaut dans leur pays natal et en usaient largement, traînant après eux leur petite cour de parasites empressés à profiter de leur sotte vanité, car tout flatteur vit aux dépens de celui qui l'écoute.

Il y avait encore le paresseux, qui fréquentait les cours des *décrétistes*, parce qu'ils se faisaient à une heure avancée de la journée et que cela laissait la faculté de prolonger la nuit bien tard dans la matinée.

Ce nombre prodigieux d'étudiants, parmi lesquels beaucoup, on le voit, étudiaient sans but pratique ou n'étudiaient guère et s'amusaient ferme, est encore une preuve de la quantité considérable d'oisifs qu'avait créés en France le développement de la richesse à travers les neuvième, dixième et onzième siècles, dont les admirables travaux et l'active prospérité sont si étrangement méconnus.

Les sermonnaires du moyen âge nous ont laissé des détails curieux sur les mœurs des étudiants. L'un d'eux, après avoir parlé de l'écolier tapageur, qui « court la nuit tout armé dans la capitale, brise les portes des maisons pour y exercer ses violences, remplit les tribunaux du bruit de ses esclandres; contre lequel tous les jours des *meretriculæ* viennent déposer, se plaignant d'avoir été frappées, d'avoir eu leurs vêtements mis en pièces ou leurs cheveux coupés », fait en ces termes le portrait de la jeunesse universitaire en général : « Le bon écolier doit aller se promener le soir au bord de la Seine pour y répéter ou y méditer sa leçon ; et déjà un trop grand nombre se rendent au *Pré-aux-Clercs* (1) pour s'y livrer à des jeux bruyants, souvent même à des querelles sanglantes avec les bourgeois du quartier et les religieux de Saint-Germain. Quelques-uns sont tellement volages, tellement insouciants, que, même avec d'habiles professeurs, ils arrivent à ne rien savoir. Ils vont d'une chaire à l'autre, changeant continuellement de cours et de livres. Ils suivent les classes l'hiver et se retirent l'été. On en voit qui tiennent simplement au titre d'écolier, ou aux revenus consacrés par les églises à l'entretien des étudiants pauvres : ils viennent s'asseoir sur les bancs une ou deux fois par semaine (2). »

Plus d'un même y dissipait dans les plaisirs l'argent que sa famille épargnait péniblement « pour le mettre en état de prix et honneur conquérir ».

Le fils d'un pauvre paysan
Viendra à Paris pour apprendre;
Tant que son père pourra prendre
En un arpent ou deux de terre,

(1) Le *Pré-aux-Clercs* était une vaste prairie, dont le parcours total se mesure aujourd'hui par toute la longueur des rues de l'Université et Saint-Dominique. A droite, la prairie touchait à la Seine et, au Midi, à des carrières et à la campagne. Les écoliers y avaient transporté leurs jeux et leurs querelles. Le Pré-aux-Clercs appartenait à l'abbaye de Saint-Germain, ce qui fut une source intarissable de démêlés entre l'Université et les religieux.

(2) Cité par Lecoy de la Marche, *la Chaire française au moyen âge*. Voir aussi Félix Faure, *Vie de saint Louis*, t. II, p. 447.

Pour conquérir prix et honneur,
Baillera le tout à son fils;
Et lui en reste ruiné.
Quand il est à Paris venu
Pour faire à quoi il est tenu
Et pour mener honnête vie,
Il retourne la prophétie :
Gain de soc et de labourage
Il nous convertit en armure,
Et par chaque rue il regarde
Où il verra belle musarde.
. . . .
Pourquoi laisser sa région,
Aller en pays étranger,
Si l'on y perd toute raison
Quand on doit sagesse apprendre (1)?
. . . .

La morale, comme on le pense, était fort relâchée dans ce milieu si passionné pour le plaisir et où on s'y donnait avec toute la violence que la jeunesse apporte en tout ce qu'elle entreprend.

Jacques de Vitry nous a laissé la peinture de cette corruption. Les écrivains du temps en ont du reste souvent gémi et leurs ouvrages sont pleins de descriptions de ce genre. « Plus corrompue alors dans les clercs que dans toute autre classe de la société, l'Université corrompait, comme une brebis galeuse, ses têtes innombrables; elle dévorait tous ses habitants, les plongeait dans l'abîme du vice. » « O Paris, s'écrie à son tour Pierre de Celles, comme tu es habile à perdre les âmes! tu es le repaire des vices, le foyer de tous les crimes; en toi les flèches de l'enfer transpercent les cœurs des insensés (2). »

Telle était la classe de la société qu'il nous fallait d'abord connaître pour comprendre la suite de ce récit; tel est le milieu où vécurent Brunetto Latini, le Dante, Guillaume de Saint-Amour, Thomas d'Aquin, Albert le Teuton, que l'admiration de son temps a surnommé de son vivant même « le Grand », et tant d'autres

(1) Rutebœuf, *le Dit des Règles*. Voir l'article suivant pour ce qui concerne ce poète.

(2) Cité par Du Boulay, p. 686.

dont nous aurons à parler. Mais ceux-ci ne vinrent pas seuls; ils faisaient partie de congrégations puissantes en prières et en œuvres et sous l'influence desquelles l'Université devait, pour un temps, se transformer.

Bernard, abbé de Cîteaux, passant à Paris, avait jadis entrepris cette réforme, mais sans grand succès. Foulques de Neuilly lui avait succédé avec plus de bonheur. Les étudiants, un moment enthousiasmés, se disaient entre eux : « Allons entendre le nouveau Paul! » les courtisanes elles-mêmes se convertissaient en grand nombre; mais ce beau feu fut de paille, hélas! aussi vite éteint qu'allumé!

Une des graves erreurs sociales qui avaient été commises dans la fondation de l'Université, était de l'avoir établie dans une grande ville, dans la plus grande ville du royaume. Là, l'Université ne pouvait être maîtresse des siens et elle devait inévitablement entrer en conflit avec les autres puissances de la cité. Les désordres de la jeunesse universitaire et les prises de corps incessantes des écoliers avec les bourgeois révèlent assez ce vice de l'institution. L'insuccès des réformes tentées atteste, dans l'ordre social, comme partout ailleurs, l'insuffisance d'un remède qui ne remonte pas à la cause du mal.

III. — L'ORIGINE DES ORDRES RELIGIEUX MENDIANTS; L'ACCUEIL QUE LEUR FAIT LA SOCIÉTÉ.

Nous avons dit, au début de cette étude, combien il est inexact de se représenter les longs siècles du moyen âge comme ayant appartenu au même régime social. Jamais période historique une fois close n'a été si aveuglément jugée. On l'a d'abord rejetée en bloc dans les ombres du passé, et, tandis qu'elle laissait derrière elle de grands faits accomplis, d'extraordinaires monuments et des documents qu'on n'a pas encore achevé de mettre au jour après en avoir détruit d'innombrables, on l'a accusée des ténèbres dont on a cherché à envelopper sa mémoire. Son souvenir, aisément et odieusement falsifié dans cette obscurité faite à plaisir, n'était guère évoqué que pour servir de repoussoir à la beauté des temps nouveaux. Mais ces temps nouveaux n'étaient, au fond, qu'un retour vers les formes de la société antique; et à la différence de ce qui s'est passé dans d'autres pays, en Angleterre par exemple, c'est en vaincu que, chez nous, le moyen âge avait disparu. Ainsi s'explique le traitement qu'on lui a fait subir. Autant on a voulu le faire oublier et le décrier, autant on s'est appliqué à ramener et à exalter ce que l'antiquité avait fait, et c'est à elle qu'on a cherché à se rallier directement par-dessus l'abîme millénaire que le moyen âge avait creusé : attestation bien claire du véritable caractère des institutions qu'on prétendait nouvelles. En réalité, c'est au moyen âge qu'a appartenu l'esprit de nouveauté; il tranche, avec une originalité singulière et encore bien incomprise, sur l'antiquité, d'une part, et, d'autre part, sur les temps qu'on a dits modernes et qui vieillissent étrangement; il a trouvé sa suite naturelle chez des peuples qui ne l'ont jamais répudié, qui n'ont pas regardé en arrière et n'ont pas cherché à faire étape, mais qui ont continué son mouvement d'incessant remaniement de toutes choses selon la nouveauté des circonstances, non pas selon les règles des anciens, et qui devancent aujourd'hui, dans les deux hémisphères, de l'Europe aux antipodes, tous les peuples de la terre. L'assagissement que l'âge moderne, en France, a prétendu nous apporter et que nous avons trop goûté, n'a été que la cessation de cette remuante énergie qui a fait du moyen âge une perpétuelle innovation.

Le récit que nous allons faire va venir à l'appui de ces réflexions. Nous avons à dire les origines des Ordres mendiants, comment ils sont nés spontanément d'une réaction volontaire, libre, populaire, acclamée par les plus hautes classes, contre la richesse qui, montant à plein bord et sans effort pour les héritiers de la grande époque féodale, multipliait dans le monde laïque et dans le clergé les hommes plus soucieux des droits acquis que des devoirs qui y correspondaient. Nous avons à dire comment ces corps francs de religieux, sans lien avec l'organisation sociale antérieure, firent une véritable révolution dans les cadres féodaux de l'Église; combien brusque et rapide fut ce mouvement né de l'initiative de quelques hommes indépendants et sans mission préalable : nous aurons alors quelque idée des audaces du moyen âge, de la vigueur et de la promptitude des revirements que des particuliers y pouvaient introduire, non pas pour y jeter le désordre, mais pour émanciper à temps le monde et l'Église de formes surannées, dégénérées et désastreuses.

D'où venaient ces moines mendiants et que prétendaient-ils faire?

Depuis longtemps déjà les Bénédictins, les Hermites de saint Augustin, les Chartreux et tant d'autres encore avaient ouvert aux âmes fatiguées ou effrayées du combat de la vie leurs cloîtres recueillis, leurs cellules paisibles, leurs vastes et silencieuses bibliothèques. Ces organisations répondaient aux aspirations de certaines natures privilégiées et elles s'étaient produites dans leurs formes diverses au fur et à mesure que ces aspirations, toujours les mêmes au fond, s'étaient modifiées en apparence durant le cours des siècles. Tout Ordre religieux, en effet, ne naît point de la pensée d'un homme, — il n'y aurait alors que des ermites, — mais de la pensée collective d'une génération ou d'une époque, et quand cette pensée vient à s'éteindre, l'Ordre religieux disparaît ou végète dans une vieillesse inutile et désœuvrée.

Mais une aspiration plus puissante et plus large se faisait jour : avec l'émancipation des serfs enrichis dont les produits ne subissaient pas la concurrence du dehors, avec la désoccupation des seigneurs qui n'avaient qu'à toucher la rente d'une terre qu'ils n'exploitaient plus, avec les monopoles que les artisans des communes s'étaient garantis à eux-mêmes sur leur territoire, avec l'argent que la royauté faisait en offrant sa protection, avec la prospérité des biens de l'Église que ne menaçaient plus les pillages des barons et les confiscations des rois, la vie rendue facile pour beaucoup était devenue moins un labeur actif qu'une jouissance. Jouissance de l'esprit, du cœur et des sens, cette époque a tout connu. *Gestes* des Jongleurs, joutes d'armes, cours d'amour, longs festins, joyeux déduits, gais propos, fêtes publiques, rien n'a été si souvent ni mieux décrit. Mais ce que l'on n'a pas dit assez, c'est que rien de tout cela ne satisfaisait cette génération. C'était en vain qu'elle se livrait au plaisir avec la même énergie, j'allais dire avec la même brutalité, que jadis à la guerre; son âme chrétienne ne trouvait point là l'idéal rêvé, et les cœurs les plus généreux, les âmes les plus élevées appelaient des réformes.

Mais le désir de bien faire ne garantit point de l'erreur. Les uns voyant l'Église elle-même, dans la personne de quelques-uns de ses membres, céder au courant qui emportait la société contemporaine, imaginèrent s'être trompés en lui donnant leur foi et cherchèrent ailleurs la vérité. De là, ces hérésies si diverses, si nombreuses, que nous ne pouvons les nommer toutes; de là, dans certains pays, contre la religion catholique, une haine qu'on est étonné de rencontrer aussi ardente. Les autres ébauchaient, en des tentatives incomplètes, l'image des grands Ordres religieux qui devaient paraître, quand se rencontreraient des hommes assez puissants par l'intelligence, par le cœur, par le courage, par la foi en un mot, pour comprendre les souffrances de leur siècle et entreprendre avec succès d'y porter remède.

De l'autre côté des Alpes, dans la douce Italie, où l'on respirait comme en France, flottant dans l'atmosphère, la même espérance inquiète et frémissante, se leva François d'Assise, ce pauvre du Christ, le fondateur des humbles qu'il appela lui-même *les Mineurs*. Au monde fier de ses richesses, avide de ses plaisirs et profanant auprès de toutes les créatures la chose la plus divine qui fût en son âme, l'amour, il venait tout enlever, sauf ce dernier sentiment purifié par la mortification et la pauvreté. Et lui-même pratiquait ce qu'il allait prêchant partout; il portait dans son âme élargie l'amour le plus vaste et le plus libre qui fut jamais. Son regard allait du ciel à la terre, voyant partout Dieu en lui-même ou dans l'œuvre de ses mains, et son cœur chantait le cantique d'admiration et sa bouche nommait « les hirondelles ses sœurs, le levraut son frère » et la mort sa sœur bien-aimée, qui le devait ramener pour jamais au sein paternel où lui-même avait puisé l'être.

De ce côté des monts, dans le midi de notre France, les Albigeois faisaient valoir contre le catholicisme, qu'ils avaient rejeté, l'amour des richesses et le faste des hauts dignitaires de l'Église romaine, qu'on leur avait envoyés pour les ramener à l'unité. Deux de ces hérétiques convertis, connaissant à la fois le mal et son remède, voulurent donner l'exemple de la pauvreté volontaire et de la pénitence, c'est-à-dire de la pratique des conseils évangéliques. Ils se retirèrent dans la province de Tarragone, en Espagne, et y fondèrent la congrégation des *Pauvres catholiques*. Puis vinrent les *Humiliés* (1) qui unissaient au même genre de vie la pratique de la prédication, puis enfin Dominique de Gusman, chanoine d'Osma, groupa autour de lui quelques compagnons qui partageaient les tristesses de sa foi et les ardeurs de son zèle : l'*Ordre des Frères Prêcheurs* était fondé (2). Prompt à se développer, comme tout ce qui répond à un besoin général, il se répandit bientôt dans le monde entier en même temps que celui des Mineurs, et leurs disciples communs apprirent à cette société, qui déjà ne les connaissait plus, les austères mais suaves lois de l'Évangile et les âpres douceurs de la mortification.

Nous n'aurons guère à parler dans la suite de notre récit que des fils de Dominique. Ils furent la cause immédiate de l'orage qui se déchaîna contre l'institut naissant des Mendiants, ils portèrent à eux seuls presque tout le poids de la défense comme des attaques, et raconter leur histoire sera dire en même temps celle de leurs frères Mineurs.

Au printemps de l'année 1216, l'intrépide Dominique de Gus-

(1) Innocent III approuve en même temps ces deux congrégations. Voir Ellies Dupin, *les Écrivains ecclésiastiques du XIIIe siècle*.

(2) Pour tout ce qui concerne Dominique de Gusman, il faut consulter le bel ouvrage du P. Lacordaire, *Vie de saint Dominique*, œuvre d'hagiographe qui n'a point encore été surpassée. Pour François d'Assise, la Vie de ce saint, par M. Le Monnier, est la plus récente et de beaucoup la meilleure. Mais ce qui fait le mieux connaître François, ce sont les *Fioretti*.

nique avait rassemblé tous ses fils à Prouille, en une réunion solennelle, et leur ayant redit la parole du Christ à ses Apôtres : *Ite et docete omnes gentes*, il les avait dispersés aux quatre coins de l'horizon.

Sept d'entre eux, qu'il avait envoyés à Paris, y entrèrent au mois de septembre 1217, portant avec eux la fortune de l'Ordre en France et n'ayant d'autres recommandations que des lettres apostoliques, adressées au Chapitre de Notre-Dame et les autorisant à *publier leur Ordre* (1).

Ils s'installèrent dans une pauvre maison qu'ils louèrent, tout proche de la Cathédrale, et furent ainsi les voisins de l'Évêché et de l'Hôtel-Dieu. Leur zèle ne tarda pas à les faire remarquer, et, leur pauvreté attirant la générosité, on leur vint en aide de tous côtés. Le Conseil de Ville leur abandonna l'ancien local de ses réunions, *le Parloir aux Bourgeois*, qui touchait aux murs d'enceinte. Un petit château se trouvait auprès, il leur fut bientôt donné par le seigneur d'Hautefeuille, qui en avait la propriété; puis vint enfin celui qui devait être leur plus généreux bienfaiteur et compléter leur établissement définitif.

Jean de Barastre, ancien médecin de Philippe-Auguste, précepteur de Louis IX et son chapelain, docteur et régent de l'Université, doyen de Saint-Quentin en Vermandois, avait fondé en l'honneur de Saint-Jacques de Compostelle un petit hospice construit presque entièrement à ses frais entre Saint-Étienne des Grès, la Porte-d'Enfer et la Porte-d'Orléans. Cet hospice touchait à une chapelle plus ancienne dédiée à Saint-Jacques et dont Jean de Barastre était depuis longtemps titulaire dépendant de l'Université (2). Quand il fit don de l'établissement aux fils de Domi-

(1) Voir Jourdain de Saxe, dans Échard, I, p. 16, n° 30; — le Père Mallet, *Hist. du Couvent de Saint-Jacques*, I, p. 5; — la *Gallia Christiana*, t. VII; — Mamachi, p. 504 et 641. — L'évêque de Paris était en Égypte avec les Croisés, c'est pourquoi les religieux s'adressent au Chapitre qui le remplaçait. Les plus célèbres de ces premiers Dominicains étaient Bertrand de Garrigues, Jean de Navarre, Laurent d'Angleterre et surtout Matthieu de France, qui fut leur premier prieur.

(2) Cette chapelle n'avait aucun des droits curiaux. On conserva jusqu'à la Révolution, dans les Archives de Saint-Jacques, un acte passé à Égremont en 1209, par lequel Simon de Pesciano et Agnès, sa femme, donnent seize deniers à leurs amis de Barastre pour la construction de l'hospice *qu'il a dessein d'édifier*.

nique, il fit demander à l'Université, par le pape Honorius III, de vouloir bien abandonner en faveur de la fondation nouvelle tous les droits que la corporation universitaire avait sur la chapelle. Celle-ci y consentit, stipulant toutefois qu'à titre de confraternité les docteurs de l'Université jouiraient à leur mort des mêmes suffrages spirituels que les membres de l'Ordre, et que les religieux prieraient pour la conservation de l'Université, *leur patronne.*

Ceci se passait au commencement de 1218, et, le 6 août de la même année, les religieux, après les aménagements intérieurs nécessaires, prirent solennellement possession de leur couvent de Saint-Jacques, dont la propriété pleine et entière leur fut confirmée par acte du 3 mai 1221 (1).

Quelques mois auparavant (29 juillet 1220), les Chanoines de Notre-Dame avaient, sur la demande du Souverain Pontife, dont nous avons encore la lettre, obtenu du Chapitre de Saint-Benoît pour les Frères Prêcheurs la permission d'avoir un cimetière et de célébrer les offices dans leur chapelle. Jusqu'alors ils avaient été contraints de se rendre, tous les jours et par tous les temps, à Notre-Dame-des-Vignes, hors des murs de la ville.

Mais il ne leur restait plus maintenant que le souvenir de ces jours difficiles et, dans leur vaste Couvent de Saint-Jacques dont ils devaient prendre le nom, les Jacobins espéraient pouvoir se livrer en paix à la prière, à l'étude et à la prédication. En 1219, ils y étaient déjà au nombre de trente; et quand, au mois de mai, Dominique, leur père, les vint visiter, il fut heureux de voir son œuvre aussi prospère. Sa présence seule fut une autre bénédiction pour le couvent en suscitant de nombreuses vocations, parmi lesquelles on cite surtout celle de Guillaume de Montferrat et celle de Jourdain de Saxe, qui devait être le deuxième maître général de l'Ordre.

C'est donc pour ainsi dire sous les auspices de l'Université que les Dominicains s'établirent à Paris et Rutebœuf déclare que

> Chacun d'eux devrait être ami
> De l'Université vraiment,

(1) Voir Échard, t. I, p. 17, *Bibl. Prædicat.* — Du Boulay, p. 93, 105 et 255; et *les Antiquités de Paris* p. 227.

Car l'Université a mis
En eux tout ce bon fondement,
Livres, deniers, et pain, et gages;
Maintenant le lui rendent mal,
Car ceux-ci détruit le démon
Qui plus l'ont servi longuement (1).

Le poète en ces derniers vers fait allusion à la longue querelle qui s'éleva peu après entre les prêtres séculiers et les réguliers et qui commença par des discussions d'intérêts temporels.

Le peuple, souffrant et pauvre, auquel les religieux allaient comme des frères vont à des frères, la bourgeoisie que révoltait l'orgueil et l'avarice de bon nombre de séculiers, la noblesse enfin, c'est-à-dire presque tout le monde avait accueilli les Mendiants comme des sauveurs qui apportaient à la société le salut en lui rendant la pratique sincère de l'Évangile. Aussi leur donna-t-on sans compter, si bien que les séculiers ne tardèrent pas à se plaindre. Les dîmes étaient mal payées, disaient-ils, les fidèles aimant mieux remplir les paniers des Frères Mendiants. « Et cependant, ajoutaient-ils, la dîme est d'institution divine (1), car Dieu a dit : *Apportez la dîme de chaque chose dans mon grenier.* » — « Sans doute, ripostait Salimbene (2), mais vous ne citez pas le texte complet, car il y a ensuite : *Pour que j'aie dans ma maison de quoi me nourrir.* Or, non seulement vous avez de quoi vous nourrir, mais il y en a parmi vous qui possèdent plus de terres que vingt paires de bœufs ne pourraient en labourer (3). » Les séculiers se plaignaient aussi que le peuple désertât leurs églises pour courir aux prédications des Religieux, ne voulût qu'eux pour confesseurs et pour exécuteurs testamentaires

(1) Nous empruntons cette citation à l'excellent ouvrage de M. Clédat sur *Rutebœuf* (Collection des Grands Écrivains français; Hachette, 1891), dont il a rendu en français moderne le sens complet sans que la forme originale perdit rien de son charme et de sa saveur. — Rutebœuf est l'un de nos premiers satiriques, aussi bien par l'ancienneté que par le mérite : « Il faut, dit M. Clédat (page 197), arriver jusqu'au milieu de notre siècle, jusqu'aux *Châtiments*, pour retrouver dans un recueil de satires la même variété de rythmes, la même liberté d'inspiration que dans l'œuvre de Rutebœuf. »

(2) Moine chroniqueur italien.

(3) Clédat, p. 74.

et voulût même être enterré chez eux : toutes choses que le satirique Rutebœuf exprime si bien quand il dit :

Les Jacobins sont si prud'hommes
Qu'ils ont Paris, et qu'ils ont Rome.
Ils sont à la fois rois et papes;
Et de bien ils ont grande somme.
Celui qui meurt et ne les nomme
Ses exécuteurs, perd son âme (1)!
. . . .

Toutes choses aussi qui privaient les séculiers des profits qu'ils avaient accoutumé d'en retirer. A leurs récriminations intéressées, les religieux répondaient invariablement : Chacun n'est-il pas libre de choisir son tombeau où il lui plaît! de demander des prières à ses amis! puis, croyez-nous, soyez plus instruits, plus éloquents, et les fidèles reviendront à vos chaires et à vos confessionnaux. Et pourquoi nous attaquer? nous ne faisons que d'user des privilèges à nous concédés par le Souverain Pontife et nous nous conformons à toutes les conditions qui nous ont été imposées.

Ces arguments étaient sans réplique. Le Saint-Siège, en approuvant les Ordres Mendiants, leur avait reconnu le double pouvoir que les théologiens appellent de *domination* et de *juridiction*. Le premier consacrait l'autonomie des religieux, qui, sans contrôle des évêques diocésains, s'administraient eux-mêmes au spirituel et au temporel; le second leur donnait le pouvoir *de lier et de délier* les consciences en tout temps et en tout lieu.

Honorius III avait dit dans sa bulle : les Frères Prêcheurs sont entièrement destinés, *totaliter deputati*, à l'évangélisation des peuples, et il les avait, ainsi que des missionnaires, envoyés de par le monde, sans rien changer à l'ancien état de choses, sans prévoir même que l'introduction brusque de cet élément nouveau pourrait causer quelque trouble.

Pour eux, joyeux de leurs privilèges, ils prétendaient en user sans restriction et ils le firent quelquefois avec une rigueur

(1) *La Satire des Ordres de Paris.*

qui, étant donnée la faiblesse humaine, ne pouvait manquer de surexciter la résistance qu'on leur opposa.

Autorisés par le Pape, les évêques et les simples prêtres avaient, en effet, jusque-là pour mission spéciale, pour vocation exclusive d'administrer les paroisses, c'est-à-dire tout ce qui concerne l'instruction des fidèles, la réception des sacrements et le culte public. Ils n'avaient jamais rencontré dans les ordres religieux autrefois fondés, que des auxiliaires dévoués et soumis; mais voilà que d'autres hommes, envoyés également par le Saint-Siège, prétendaient exercer une part importante de ces mêmes fonctions, aux mêmes lieux, en même temps et malgré eux! Les pouvoirs du Pape, source de tous les pouvoirs ecclésiastiques, se trouvaient donc délégués à des corps aujourd'hui rivaux, demain adversaires; et, de ce fait, l'Église apparaissait en quelque manière divisée contre elle-même. Aussi, partout où des concessions réciproques n'amenaient pas un accord, survenaient des conflits souvent scandaleux, toujours au détriment de la religion et qu'auraient pu sans doute prévenir de sages règlements fixant d'une façon précise et inviolable les attributions de chacun.

Le temps se chargera de faire ce que les hommes ont négligé. Mais ce ne sera qu'après des luttes violentes. Les séculiers attaqueront d'abord les réguliers dans l'usage qu'ils font de leurs privilèges et dans les conséquences qui découlent de cet usage. Impuissants à triompher sur ce point, ils viseront alors plus haut et, par une pente insensible, mais à laquelle ils ne pourront résister, ils en viendront à attaquer la validité même de ces pouvoirs, ils prétendront que le Saint-Siège n'a pas puissance de les leur accorder et cette erreur radicale les perdra.

Voyons rapidement la première phase de la lutte.

Un curé de Cologne disait en 1222, dans un synode : « Voici que les Frères Prêcheurs se sont introduits à Cologne pour nous supplanter, mettant la faux dans la moisson d'autrui; ils s'emparent de la faveur des hommes. » Thomas de Champré, qui rapporte l'anecdote, ajoute que le pauvre curé fut mis en interdit par le Légat du Saint-Siège, Conrad de Zahringen, grand ami des Mendiants. D'autres portaient déjà plus loin les accusations et surtout les formulaient avec plus de violence; écoutons Pierre des Vignes :

... Ista privilegia sunt eis indulta
A papa Gregorio, quibus eis suffulta
Eorum presumptio superba et stulta,
Et parochialia jura sunt sepulta,
Mutuatur Ecclesia a statu priore,
Per hæc privilegia, in deteriore...
Omnis homo gaudeat! tot Papas videmus?
Non ergo de Curia romana curamus,
Nam cuncta cum fatribus hæc expedimus,
Dummodo pecuniam quam petunt portemus...

Écoutons maintenant Rutebœuf, le plus mordant des satiriques du moyen âge et le plus ardent défenseur du clergé séculier et de Guillaume de Saint-Amour, son ami personnel :

De maintes sortes, de maintes guises,
S'y prennent ceux qui n'ont appris
Métier par quoi ils puissent vivre!

(*Les Ordres de Paris.*)

Pour prêcher humilité,
Qui est voie de vérité,
Pour l'exalter et pour la suivre,
Comme ils le trouvent en leur livre,
Vinrent ces saintes gens sur terre...
Quand ils vinrent premièrement,
Ils vinrent assez humblement.
Du pain quêtèrent, c'est la règle,
Pour ôter les péchés du siècle...
Humilité était petite,
Que pour eux ils avaient choisie :
Humilité a bien grandi,
Car les Frères sont les seigneurs
Des rois, des prélats et des contes...

(*Le Dit de Mensonge.*)

Quand Frères Jacobins vinrent d'abord au monde,
Ils étaient par dehors et purs et nets et mondes;
Longtemps, ils ont été comme les eaux profondes
Qui, sans courir jamais, tournoyent à la ronde.

D'abord ne demandèrent qu'un toit où reposer,
Avec un peu de chaume ou de paille grossière.
Le nom de Dieu prêchaient aux pauvres, sans montures;
Maintenant, n'ont que faire de gens qui vont à pied.

(*Le Dit des Jacobins.*)

Frères prédicateurs
Vont en simples atours;
Mais en cachette ils ont,
Croyez, maint parisis.
Papelards et béguins
Ont le monde avili.

(*La Chanson des Ordres.*)

Quand chez un pauvre prêtre ils viennent,
Il semble que ce soient des rois :
Il faut pour eux grand appareil,
Ce dont le pauvre homme est en peine.
Et dût-il engager sa chappe,
Il faut qu'il serve d'autres mets
Que l'Écriture ne commande.
S'ils ne sont repus sans défaut,
Si en cela le prêtre manque,
Sera tenu pour mauvais homme,
Valût-il saint Pierre de Rome.

(*Le Dit des Règles.*)

Nous pourrions multiplier à l'infini ces citations, dont quelque vers peut-être touchait juste, mais dont l'ensemble est d'une exagération manifeste et voulue ; elles n'apprendraient rien de plus au lecteur que celles qui précèdent et que viennent confirmer les lignes qui suivent, extraites presque littéralement des *Histoires* de Saint-Antonin (titre XVIIIe, chap. v) : « L'Ordre de Saint-Dominique rencontrait de la part du clergé une répulsion pour ainsi dire universelle et que les saints seuls savaient mitiger un instant. Les savants, les théologiens, les Universités, les grandes abbayes, l'épiscopat, en un mot tout le monde était contre lui et l'on n'avait qu'à prêter l'oreille pour entendre gronder l'orage. » Et plus loin : « Toujours on recommençait la guerre, aussi fut-il nécessaire que les Souverains Pontifes entourassent notre Ordre de privilèges et d'exemptions pour le protéger contre ces luttes et lui donner un peu de repos. »

Il semble, à voir tant de haines liguées contre eux, que les Frères des divers Ordres devaient s'unir pour se mieux défendre. Mais ils se jalousaient passablement entre eux : quand l'un avait un cardinal, l'autre en voulait un aussi, « dût-il le faire de paille »; ils se reprochaient des défauts qui n'étaient peut-être point absolument imaginaires et se faisaient une guerre sourde, mais presque aussi funeste que celle qui leur était faite par leurs ennemis communs; et notre impitoyable Rutebœuf de s'écrier :

> ... C'est là dure fraternité,
> Car, par la sainte Trinité,
> L'un des Couvents voudrait que l'autre
> Fût mis dans un chapeau de feutre
> Au plus périlleux de la mer.
> Ainsi s'entraînent les avares!...
>
> (*L'État du Monde.*)

Les Jacobins n'avaient pas que des ennemis dans le clergé séculier. Ils firent, jusque dans l'Université, d'importantes recrues. Gérard de Frachetto, le naïf annaliste de la jeunesse de l'Ordre dominicain, nous a raconté, dans ses *Vies des Frères*, la miraculeuse vocation d'Henry de Marbourg. Échard nous en nomme d'autres, parmi lesquels Pierre de Reims, professeur d'Écriture sainte et célèbre prédicateur, puis le jeune étudiant Guerric de Metz.

Mais pour quelques amis, combien d'adversaires, surtout dans le corps enseignant, qui avait pour les combattre, outre les motifs communs à tout le clergé séculier, des raisons toutes spéciales.

Les Dominicains avaient chez eux une *schola interna* ou école conventuelle, dont les cours étaient suivis par leurs propres novices. Mais ils portaient plus loin leurs désirs; certains que l'enseignement public leur serait le plus efficace des moyens pour étendre leur influence sur toute cette société de Paris avide de science et fière de ses Maîtres illustres, ils rêvaient de joindre l'éclat du titre de docteur au prestige de leur caractère religieux et de rivaliser en cela comme dans le ministère avec le clergé séculier.

L'Université, jalouse de sa gloire et craignant des compétiteurs aussi redoutables, les repoussait loin des chaires publiques, que ses privilèges lui permettaient d'ailleurs de distribuer à son gré. Une pointe de rancune, il faut le dire, devait s'ajouter à la raison de prudence qui les faisait agir ainsi. Les docteurs devaient se souvenir que les Mendiants avaient été les adversaires acharnés d'Amaury de Chartres et se flattaient peut-être de le leur faire regretter en les écartant pour toujours de l'enseignement universitaire. Mais un incident fortuit allait bientôt déjouer leurs calculs.

IV. — LES DOMINICAINS OBTIENNENT DEUX CHAIRES DE THÉOLOGIE; CE QU'ILS FIRENT POUR LES CONSERVER MALGRÉ L'UNIVERSITÉ.

Les étudiants d'autrefois aimaient le plaisir et le bruit; on dit qu'ils n'ont pas changé depuis, mais ce n'est point là notre affaire. Au printemps de 1229, quelques-uns d'entre eux, presque tous Picards, après avoir bu et joué dans un cabaret du faubourg Saint-Marcel, disputent sur le prix du vin, injurient l'hôtelier et le frappent violemment. Au bruit de la bagarre, aux cris de la victime, les voisins accourent, tombent sur les écoliers, leur rendent coups pour coups, avec tant de vigueur et d'entrain que ceux-ci, dont plusieurs sont blessés, sont contraints de s'enfuir, *bene et egregie castigati,* comme parle Matthieu Pâris. Mais le lendemain ils reviennent en plus grand nombre et mieux armés, dévastent le cabaret de fond en comble, brisent les meubles, répandent le vin et s'en vont en triomphateurs, bousculant et frappant tout ce qu'ils rencontrent sur leur passage.

Mais la reine Blanche, « qui moult aimait son menu peuple », ordonne aussitôt la répression; le Prévôt de Paris, à la tête de ses gens d'armes et des bourgeois du faubourg, accourant à la rescousse, charge des bandes d'écoliers qui, joyeux de leur exploit récent, se livraient dans le Pré-aux-Clercs à leurs jeux accoutumés. Pris à l'improviste, ils sont obligés de céder à la force et se dispersent au plus tôt, laissant sur le terrain un grand nombre de blessés et deux morts (1).

Cette justice un peu sommaire, qui dépassait sans doute les intentions de la régente, était, de plus, une violation flagrante des immunités accordées à l'Université. La corporation tout entière s'assembla et décida de poursuivre les coupables jusqu'à ce qu'elle eût obtenu une réparation complète.

La reine Blanche, devant qui l'affaire fut d'abord évoquée, ne crut pas devoir lui donner une suite, conseillée qu'elle était en cela par le Légat du Pape, qui se souvenait de cette échauffourée restée célèbre durant laquelle, quatre ans auparavant, les étudiants avaient assailli sa maison et failli la prendre d'assaut. Les Maîtres, ainsi que les y autorisait la bulle de Grégoire IX, suspendirent leurs cours et décidèrent de ne les reprendre que lorsque justice serait faite et les meurtriers punis. Pour mieux témoigner de leur inébranlable fermeté dans ce dessein, ils s'éloignèrent presque tous de la capitale et s'en furent les uns à Angers, à Reims, à Tours, à Orléans, les autres en Espagne, en Italie et en Angleterre. Plusieurs milliers d'étudiants, anglais presque tous, se fixèrent à Oxford et décidèrent ainsi la fondation de cette université célèbre. Ils avaient à leur tête le célèbre Robert Bacon et bachelier Richard Fitzacre, qui dans la suite furent tous deux Dominicains.

Aussitôt que Grégoire IX fut informé de ces désordres, il voulut en sa qualité de protecteur aussi bien que de chef de l'Université de Paris, y porter remède. Il écrivit d'abord à l'abbé de Saint-Germain et au doyen de Saint-Marcel, sur les territoires desquels s'étaient produites les rencontres, et leur demanda d'exiger de leurs hommes d'armes le serment de respecter les immunités et franchises accordées par le roi Philippe-Auguste aux étudiants : les bourgeois durent aussi prêter ce serment. Il s'adressa ensuite

(1) Quelques chroniqueurs nous paraissent avoir exagéré un peu l'importance de cet esclandre : la *Chronique de Nangis* dit : « Proni erant ad omnem crudelitatem exercendam burgenses. » Les *Annales Studenses* vont plus loin : « Multi clerici sunt trucidati. » Il faut nous en tenir, je crois, à ce que dit Matthieu Pâris, qui ne parle que de deux morts ; il ajoute qu'ils étaient de haut rang et fort riches.

(24 novembre 1229) aux deux évêques du Mans (1) et de Senlis (2) et à l'archidiacre de Châlons pour les prier de s'interposer entre le roi et les docteurs séculiers, afin que le roi fît à ceux-ci des concessions et obtînt par ce moyen leur retour à Paris. Grégoire crut devoir avertir aussi l'évêque de Paris, Guillaume d'Auvergne, afin qu'il modérât son zèle emporté contre les étudiants, puis sollicita directement le roi et la reine Blanche, sa mère, d'opérer un rapprochement : « Le royaume de France, leur disait-il, se distingue depuis longtemps par les trois vertus qu'on attribue par appropriation à la Sainte Trinité : la puissance, la sagesse et la bonté. » Après cet exorde insinuant, il les engageait à maintenir ces trois vertus dans un harmonieux et sage équilibre, sans quoi l'une d'elles venant à prévaloir, elle tournerait facilement au détriment des deux autres.

Mais toutes ces démarches, qui prouvent sa vive sollicitude pour le corps enseignant auquel elles font honneur, restaient sans résultat. Le roi était encore jeune et ne faisait que peu de chose par lui-même. La régente, nous l'avons dit, était hostile aux étudiants; quant à l'évêque, au chancelier et au Chapitre de Notre-Dame, ils souffraient avec peine que l'Université fût soustraite à leur juridiction immédiate et l'auraient vue sans regrets se transporter ailleurs. Le Souverain Pontife écrivit alors aux régents de l'Université (1230), leur demandant d'envoyer auprès de lui quelques-uns d'entre eux, afin de prendre leurs conseils et d'arriver plus promptement à la solution de cette importante question.

Sur ces entrefaites, le cardinal Légat du Saint-Siège à Paris, peu favorable, comme nous l'avons vu, aux étudiants, et Guillaume d'Auvergne, l'évêque de Paris, publièrent des censures contre les docteurs absents; puis l'archevêque de Sens, métropolitain de Paris, ayant réuni un concile provincial, on y décida que ceux des Universitaires qui avaient fait le serment de suspendre leurs cours jusqu'à ce que justice fût faite, et qui s'étaient retirés pour mieux marquer leur intention de tenir leur parole

(1) L'évêque du Mans était alors Maurice, que le Pape, en 1231, transféra à Rouen.
(2) L'évêque de Senlis était Guérin, ami de Philippe-Auguste, et qui mourut en 1250.

donnée, seraient suspendus de leurs bénéfices pendant deux années, et que ceux qui n'en étaient point pourvus seraient à tout jamais incapables d'en posséder, s'ils ne rentraient à Paris pour y reprendre leurs fonctions, dans le même délai de deux ans.

Mais Geoffroy de Poitiers et un autre Guillaume d'Auvergne, délégués de l'Université, se rendirent auprès du Souverain Pontife et obtinrent de lui une bulle, datée du 13 avril 1232, qui reconnaissait aux professeurs de l'Université le droit de suspendre leurs cours toutes les fois qu'ils auraient eu à supporter une atteinte grave dans leurs privilèges et qu'on ne leur aurait pas fait satisfaction dans les quinze jours suivants. Grégoire relevait aussi les régents de leur serment de ne point revenir à Paris et les engageait vivement à y rentrer au plus tôt. Quelques jours après, il écrivait de nouveau à la reine Blanche, l'informait de ce qu'il avait fait dans l'intérêt de la paix, et la priait d'écouter favorablement, en dépit de leurs ennemis, les deux députés de l'Université qui, de Rome, se rendaient auprès d'elle. « Le roi, nous dit la Chronique de Saint-Denis, — qui tout aussi bien que Nangis fait honneur de cette bienveillance à Louis plutôt qu'à sa mère, — le roi rappela les écoliers avec la plus grande mansuétude; il leur accorda satisfaction pour toutes les injures qu'ils avaient reçues de la part des bourgeois, pensant avec Salomon que nul trésor n'est comparable à la sagesse. » Et l'Université, lasse d'attendre en exil une justice complète qui ne venait pas, céda à tant d'instances, regagna Paris et rouvrit ses écoles.

Si cette longue absence fut préjudiciable à ses intérêts, d'autres l'avaient su mettre à profit. Bien vus à la cour, protégés par l'archevêque de Sens et par son suffragant de Paris, les Dominicains demandèrent au chancelier de Notre-Dame, et en obtinrent l'autorisation d'ouvrir un cours public de théologie, « afin, disaient-ils, que les écoliers restés dans la capitale ne fussent pas privés de professeurs et ne perdissent point un temps précieux ». Les circonstances les favorisaient d'ailleurs. Jean de Saint-Gilles, médecin fort habile, était venu se fixer autrefois à Paris sur les instances du feu roi Philippe qui désirait recevoir ses soins. Poussé par la curiosité, il se rendit un jour au cours de la faculté de théologie, se découvrit un vif attrait pour cette science, l'étudia, devint prêtre, docteur et enfin professeur bientôt célèbre (1). Comme au temps dont nous parlons, les Dominicains, dont il était l'ami, l'avaient invité à prêcher dans l'une de leurs églises et qu'il avait pris pour sujet de son discours la Pauvreté, il fut frappé, tout en parlant, de la force des arguments qu'il donnait et qu'il n'avait jamais si bien compris, s'arrêta brusquement au milieu de son sermon, se retira, puis revint bientôt vêtu de l'habit de Frère Prêcheur et acheva son discours, joignant ainsi l'exemple à la leçon. Il demeura ensuite dans cet Ordre, où il était entré de si étrange façon; et, comme ses élèves demandaient qu'il continuât ses leçons, et que cela servait les projets des religieux, il en obtint la permission du roi et fut le premier docteur dominicain. Il choisit pour bachelier son frère en religion, Roland de Crémone, pour qui les Frères Prêcheurs créèrent bientôt après (1231) une seconde chaire de théologie, sans que nous ayons pu découvrir qui les y avait autorisés. Mais cela importe peu.

Je ne sache pas que le bon fabuliste ait connu cette aventure, et pourtant elle fait involontairement penser à certains vers que tout le monde a dans la mémoire :

> Du palais d'un jeune lapin
> Dame Belette un beau matin,
> S'empara ; c'est une rusée ;
> Le maître étant absent, ce lui fut chose aisée.
> Elle porta chez lui ses pénates.....

Plus accommodante cependant que le lapin dupé, l'Université ne réclama point trop fort : pour avoir la paix, il faut faire quelque concession et compter sur le temps et l'habileté des hommes pour reprendre ce que l'habileté et le temps ont obtenu; puis deux religieux ne paraissaient pas à redouter et l'on en pourrait avoir facilement raison si leur société de-

(1) Matthieu Pâris appelle Jean de Saint-Gilles : *lector eleganter eruditus*, et Nicolas Trisch : *suavissimus moralisator*. Il eut pour successeur, dans la suite, Hugues de Saint-Cher, Albert le Grand, Pierre de Tarentaise et enfin Thomas d'Aquin.

venait moins agréable. Mais bientôt les Mineurs voulurent avoir aussi leurs docteurs, les Bernardins, les Prémontrés les imitèrent; puis ce fut le tour des Mathurins, du Val des écoliers, si bien que, des douze chaires de théologie, les séculiers se voyaient successivement évincés; à peine en restait-il trois ou quatre encore; mais le chapitre de Notre-Dame avait le droit d'en faire occuper au moins trois par ses chanoines « et mesme, dit du Boulay, tout autant qu'il avait de personnes en état de remplir cest office ». Si donc chaque ordre religieux réclamait deux chaires de théologie, à l'exemple des Dominicains, que fût-il resté aux docteurs de Paris?

Ceux-ci « ne trouvaient pas juste que de nouveaux venus les chassassent de l'Université, qu'ils avaient fondée et rendue telle qu'elle estoit; et ils se croyaient obligés de maintenir ce célèbre corps selon le serment que le Pape leur faisait faire, estant visible qu'il ne subsisteroit plus lorsqu'il seroit dominé par des réguliers, qui ne recognoissoient que leurs supérieurs et non l'évesque de Paris, ni les magistrats de l'Université (1). »

Nous ne pouvons nous empêcher de trouver légitimes ces revendications, ni nous défendre d'une sympathie ouverte pour l'Université en ces premiers jours de ses démêlés avec les religieux. Les séculiers combattent seulement alors *pro aris et focis* et veulent rester maîtres chez eux. Qui n'en eût fait tout autant?

La faculté de Théologie, nous disent les historiens, s'assembla et, après en avoir longtemps délibéré, fit un décret qu'approuva l'Université entière (février 1252). L'un des articles de ce décret déclarait que chaque Ordre religieux ne posséderait dorénavant qu'une seule chaire publique de théologie, mais leur reconnaissait le droit d'avoir, dans l'intérieur des couvents, autant d'écoles qu'il leur plairait pour leurs propres sujets; un autre portait qu'avant de commencer son cours, le futur docteur *régulier* serait, suivant la loi commune, éprouvé pendant un an durant lequel il enseignerait sous un autre docteur avec le titre et la

(1) Tillemont, *Vie de saint Louis*, p. 138.

qualité de bachelier. Puis venait la peine d'exclusion prononcée contre quiconque refuserait de se soumettre à ce règlement.

Les Dominicains seuls firent opposition au décret, libéral après tout, qui les dépossédait d'une chaire, mais leur garantissait la propriété de l'autre, tandis qu'il aurait pu tout aussi bien les leur enlever toutes les deux. Ils protestèrent donc contre cet acte qui, après vingt-deux ans écoulés, venait porter atteinte à ce qu'ils croyaient des droits acquis pour jamais : ils oubliaient que l'abus, même prolongé, ne prescrit point contre le droit.

Leurs défenseurs quand même ont tenté de les justifier ; mais il faut rendre à ceux-ci ce témoignage qu'il n'ont point cherché leurs arguments dans la constitution même de l'Université, autrement dit la corporation scolaire, reconnaissant ainsi, d'un aveu implicite, les droits de cette société à l'autonomie. C'est en vertu de considérations supra-sensibles qu'ils veulent faire asseoir de force les religieux au foyer de la science séculière. Les uns mettent en avant la mission donnée aux Mendiants « d'aller par toute la terre et d'enseigner les nations ». Ils oublient que cette mission, ainsi sommairement formulée par les Papes, ne leur constituait pas un droit à réclamer une part dans des institutions spéciales d'enseignement créées en dehors d'eux. Les autres, plus modestes, prétendent appuyer les droits des Dominicains sur leur incontestable supériorité morale et intellectuelle vis-à-vis de leurs collègues de l'Université. Ils rééditent des accusations au moins exagérées, dont le Jacobin Cantimpré, partial et malveillant, s'est fait au treizième siècle le complaisant écho (1). Ces pauvres docteurs séculiers! mais la bonne chère à laquelle ils se livrent, les honneurs qu'ils reçoivent partout, la vie facile qu'on leur fait, tout cela les détourne d'un travail assidu, opiniâtre, qui seul peut engendrer et nourrir le talent, aussi n'en ont-ils que fort peu (2)! Il en va tout autrement des religieux ; à ceux-ci, il est vrai, nous ne nierons point

(1) Cantimpré, liv. II, ch. x, § 31, p. 181 ; — § 27 du ch. x, p. 174, 175, 176.

(2) Danzas, *Études historiques sur les premiers temps de l'Ordre de Saint-Dominique.*

le talent quand ils s'appellent Albert le Grand, Thomas d'Aquin, Bonaventure ou Bacon, mais nous ferons remarquer aussi que les apologistes des moines savent, quand il en est besoin pour grandir leurs propres sujets, reconnaître que tous les séculiers n'étaient pas aussi dépourvus qu'on pourrait le supposer d'après ce qu'ils ont dit d'abord. Écoutons le Père Antonin Danzas, provincial de Lyon : « A lui seul, Guillaume de Saint-Amour vaut une armée. Toutes ces animosités se sont condensées dans la personne d'un adversaire aussi redoutable par le talent que par une indomptable énergie. Avec une habileté digne d'une meilleure cause, il eut l'art de faire appel à tous les ressentiments, de coaliser tous les intérêts, d'élargir la dispute dans son objet et de l'éterniser dans sa durée, d'en étendre le champ à la France tout entière, à Rome, à la catholicité, de tenir en échec l'autorité du Pape et celle du roi et d'obtenir des avantages qui parurent un moment décisifs. »

Et quand bien même il en eût été ainsi, que les religieux eussent à cette époque plus de talent que les séculiers, « il estoit aisé de prévoir que cela ne dureroit pas toujours et que néanmoins, estant devenus une fois les maîtres de l'Université, ils ne cesseroient pas de l'être (1) ».

Les choses en étaient là, quand un incident renouvelé de celui de 1229 vint les porter au pire. Pendant les jours du carnaval de 1253, quatre écoliers et l'un de leurs domestiques se livraient à des joyeusetés nocturnes, quand ils furent surpris par le guet, lui résistèrent avec violence et firent si bien qu'un des leurs fut tué, et que les autres, fort maltraités, furent appréhendés au corps et conduits en prison. Le lendemain, l'Université réclama, obtint immédiatement la liberté des captifs, mais voulant poursuivre plus loin sa vengeance, déclara que tous les cours seraient suspendus jusqu'à ce qu'une punition exemplaire ait été infligée aux gens d'armes qui avaient violé ses privilèges en même temps que le serment qu'ils avaient fait de les respecter.

Mais comme, un mois après (avril 1253), on ne lui avait pas

(1) Tillemont, p. 139.

encore rendu justice, l'Université se réunit de nouveau et ses membres jurèrent de poursuivre en commun, « en toutes les manières et par toutes les voies raisonnables », la réparation de l'injure reçue.

Les deux docteurs jacobins, Frère Élie Brunetti, de Périgueux, et Frère Bonhomme le Breton refusèrent de s'engager à cela à moins que, par un acte authentique, scellé du sceau de l'Université, on n'accordât à leur Ordre et pour toujours la possession de deux chaires publiques de théologie, et ils entraînèrent le docteur franciscain dans leur résistance. Cette façon d'agir n'était pas justifiable, car si l'Université avait raison, les Mendiants n'avaient pas le droit de vendre leur concours; si elle avait tort, ils avaient encore bien moins le droit de leur offrir une aide, même sous forme de marché.

Outrée de ce procédé et voulant empêcher qu'à l'avenir rien de pareil se reproduisît, l'Université rendit quelques jours après un nouveau décret interdisant la réception au grade de *maître* de tout candidat refusant de s'engager par serment à observer toutes les résolutions « licites et honnestes » prises en commun par ses membres. Et, pour enlever aux religieux tout prétexte de refus, on les autorisa à ajouter à la formule commune du serment ces mots à leur usage, destinés à mettre en repos leurs consciences scrupuleuses : *Dum tamen ea statuta mihi secundum regulam quam profiteor, non sunt illicita nec inhonesta, nec saluti animarum contraria, nec juri divino aut humano, aut etiam publicæ utilitati adversa, nec sanctæ Dei Ecclesiæ sint damnosa.* Pour des esprits scolastiques, la formule, il faut l'avouer, était acceptable; la subtilité des réguliers n'eût pas manqué, la nécessité aidant, de leur fournir des arguments également péremptoires dans tous les cas et pour toutes les situations. Mais pour eux le proverbe : Un *tiens* vaut mieux que deux *tu l'auras*, avait déjà sa valeur; ils se gardèrent donc de consentir à prêter le serment qu'on leur demandait, même ainsi revu et corrigé, à moins qu'on leur concédât, ce qu'ils savaient impossible, la propriété définitive et incontestable des deux chaires en litige.

Les séculiers alors se réunirent de nouveau et complétèrent

leur œuvre en décidant que, pour un motif grave, les cours étant suspendus, si un maître ou même un simple bachelier refusait de cesser d'enseigner, ou reprenait ses fonctions avant que la corporation l'eût permis, il serait exclu de l'Université jusqu'à ce qu'il eût fait satisfaction. Et trouvant les deux professeurs jacobins en contravention, elle les déclara peu après dépossédés *ipso facto*, les retrancha de sa société, eux et leurs adhérents, fit publier cette exclusion dans toutes les écoles et interdit aux étudiants d'aller prendre leurs leçons sous peine d'être eux-mêmes chassés de l'Université.

Toutes ces résolutions seraient restées sans effet, si l'autorité royale n'avait accordé aux docteurs universitaires la réparation qu'ils attendaient et réclamaient depuis près de deux mois. Alphonse de Poitiers, régent du royaume en l'absence de Louis IX encore en Orient, et sur le conseil des principaux seigneurs du royaume, fit traîner dans Paris, attachés à la queue d'un cheval, deux des soldats du guet qui avaient si fort maltraité les étudiants noctambules et tapageurs, et envoya les autres en exil. L'Université se déclara satisfaite de ce châtiment, que nous déclarons aujourd'hui monstrueux et qui fut, de son temps même, jugé ainsi par beaucoup. Les Dominicains étaient de ce nombre et ne purent s'en taire; mais, bien que ce soit à leur éternel honneur, ce ne fut pas précisément à leur avantage et cela ne fit qu'ajouter à la colère de leurs adversaires. Ceux-ci, encore fiers du succès qu'ils venaient de remporter, certains de leur prestige accru et comptant sur l'émotion produite pour anéantir toutes les résistances, résolurent de frapper un dernier coup. Dans une réunion plénière, tenue au mois de septembre, ils approuvèrent solennellement tous les décrets portés depuis le carême précédent, sans tenir compte de deux lettres du Pape reçues dans l'intervalle.

Innocent IV, en effet, informé par les Dominicains de ce qui se faisait à Paris, avait écrit le premier jour de juillet « aux recteurs, docteurs et autres membres de l'Université » pour leur ordonner de rétablir dans leurs chaires les deux Dominicains exclus et, le 26 août suivant, il leur avait renouvelé cet ordre, commandé de témoigner aux religieux « toute sorte de bonté et d'amitié », et il avait prié les évêques de Senlis et d'Évreux de veiller à l'exécution de ses prescriptions. L'évêque d'Évreux était à cette époque Jean d'Aubergenville, conseiller du régent et, dit-on, garde des sceaux ; il désigna pour s'occuper de cette affaire un de ses amis, comme lui tout dévoué aux religieux, le chanoine Lucas, du chapitre de Notre-Dame. Ce chanoine, après diverses procédures, suspendit les docteurs des quatre facultés ainsi que les étudiants des trois facultés supérieures et fit publier cette décision dans toutes les paroisses de Paris.

Mais, comme il y avait alors en France un nouveau Légat du Pape, Albert de Parme, nonce du Saint-Siège en Angleterre, qui était venu de la part du Souverain Pontife offrir la Sicile à Charles d'Anjou (1), les deux parties, à ce que raconte Cantimpré (2), convinrent de le prendre pour arbitre. Les Dominicains, peut-être fatigués de combattre toujours, auraient consenti à n'avoir qu'une chaire de professeur et à se soumettre au décret de l'Université, mais à condition qu'on leur donnât celui-ci par écrit. Mais l'Université s'y refusa, désirant sans doute obtenir des religieux la promesse de se soumettre à tous les décrets qu'elle ferait à l'avenir, avec l'arrière-pensée secrète de les exclure ensuite de son sein par une délibération régulière dont les Dominicains seraient contraints d'admettre la légalité. Voyant le piège qu'on leur tendait, ceux-ci refusèrent d'y tomber et eurent recours au chanoine Lucas. Ils parvinrent à obtenir de lui un acte qui certifiait qu'en sa présence, un grand nombre de docteurs et d'écoliers avaient consenti au rétablissement des réguliers dans les droits dont ils avaient joui, et, n'osant produire cet acte au grand jour, ils le montraient du moins à ceux qu'ils voulaient entraîner dans leur parti. Quelques-uns de ceux qui y étaient nommés l'ayant appris, protestèrent contre ce qu'on leur attribuait. Le pauvre chanoine alors, couvert de confusion,

(1) On prétend qu'il était accompagné d'un Dominicain, Philippe, prieur d'un couvent dont on ignore le nom, et qui était envoyé à Alphonse, comte de Poitiers, pour traiter de la paix de l'Empire. Voir Cantimpré, liv. II, ch. x, § 32, p. 182.

(2) Voir Cantimpré, *loco supra citato*.

déclara qu'on avait tiré de lui cet acte par surprise et, pour témoigner le regret qu'il en avait, brisa le cachet d'argent dont il l'avait scellé et en envoya la moitié au Recteur de l'Université ; puis, de peur d'être poursuivi par celle-ci, il désavoua par écrit toute sa conduite dans cette affaire (1).

L'Université ne crut pas devoir, en cette conjoncture, obéir aux ordres du Pape, décida d'en appeler directement à lui, imitant en cela les Dominicains, et, en attendant sa sentence, renouvela le décret d'exclusion qu'elle avait porté quelques mois auparavant contre les religieux. Et comme, à la Saint-Remi, de nouveaux étudiants étaient arrivés en grand nombre à Paris, elle procéda à une solennelle publication de ce décret.

Les Jacobins usèrent de représailles, s'opposèrent même, si l'on en croit quelques écrivains, par la violence à la publication de la sentence universitaire qui les excluait du corps enseignant, accusèrent l'Université de former des conspirations contre l'État et la religion, et, à tout propos, attaquèrent avec violence les quatre plus célèbres docteurs séculiers dont nous n'avons pu jusqu'à présent préciser le rôle et l'action, mais qui visiblement ont tout conduit : « C'étaient, dit Matthieu Pâris, des lecteurs et des docteurs de grand renom, ... maître Eudes de Douay, qui s'était fait remarquer dans l'enseignement des décrets et qui maintenant occupait une chaire de théologie. C'était encore maître Chrétien, chanoine de Beauvais, philosophe émérite, d'une grande distinction, qui, après avoir enseigné les arts, inaugurait ses leçons dans la science sacrée, et maître Nicolas de Bar-sur-Aube, qui se disposait à occuper, lui aussi, une chaire de théologie, après avoir passé par celle des arts et celle du droit. » C'était enfin et surtout maître Guillaume de Saint-Amour, avec lequel nous allons faire plus ample connaissance (2).

(1) Voir la lettre de l'Université à tous les prélats du royaume (4 avril 1254), dont il sera parlé plus loin. (Du Boulay, p. 258.)

(2) Voir pour ces docteurs : G. de Tocco (in *Acta Sanctorum*), Bollandistes, t. VII, p. 664, nº 20 ; Matthieu Pâris, p. 939 ; Cantimpré, liv. II, ch. x, p. 174-175. — Chrétien ou Christian de Beauvais était *Chiliaste* et, comme tel, avait été combattu par Albert le Teuton dans le commentaire que celui-ci écrivit sur saint Matthieu.

V. — LE DÉBAT DE L'UNIVERSITÉ ET DES ORDRES MENDIANTS PORTÉ DEVANT LE SOUVERAIN PONTIFE.

Les « Maîtres » séculiers de l'Université n'avaient eu jusqu'à présent qu'un seul désir : écarter les religieux mendiants des chaires de théologie que ceux-ci avaient occupées comme par surprise, les empêcher au moins de les posséder presque toutes et prévenir ainsi l'envahissement, l'absorption peut-être de l'Université. Nous avons reconnu la légitimité de leur revendications et, tant qu'ils ont lutté avec des armes courtoises, nous ne leur avons point ménagé notre sympathie, tout en nous réservant d'apprécier plus tard, au point de vue social, la valeur de leurs tendances.

Mais dorénavant tout va changer.

Incertains sur l'issue de la lutte qu'ils ont engagée avec plus de justice théorique que de prudence positive et de discernement des temps, rencontrant une résistance inattendue, pressentant parfois aux hésitations de la fortune que la victoire, malgré tout, va leur échapper, ils convoqueront jusqu'à l'arrière-ban de leurs partisans, les lanceront sur un champ de bataille dont ils étendront les frontières, et, pour être sûrs de vaincre à jamais leurs ennemis, ils rêveront de les anéantir jusqu'au dernier. Rêve chimérique, qui, en les égarant, leur fit franchir les limites de l'orthodoxie et qui, en déconcertant leurs alliés naturels et décidant les indifférents contre eux, devait enfin les perdre sans retour.

C'est par une insensible évolution des esprits que se fit cette transformation dont les phases nous échappent. Hier, l'Université refusait aux religieux le droit d'enseigner dans l'Université ; aujourd'hui, c'est leur droit à l'existence, dans la forme qu'ils ont choisie, qu'elle veut nier et détruire.

Dès le carême de 1253, cette tendance se manifesta ouvertement. Tour à tour toutes les églises de Paris lui servirent de théâtre où elle put se produire, et bientôt on entendit soutenir habituellement, dans la chaire de vérité, que le travail manuel doit être la principale occupation des religieux, qu'il est leur principale raison d'exister, et que s'ils le négligent pour se livrer à l'étude et à l'enseignement des sciences sacrées, ils sortent de leur vocation et encourent fatalement l'éternelle damnation. C'était saper dans leur base les Ordres Mendiants et, comme nous l'apprendrons plus tard, par des armes étrangères à la justice et au droit.

Mais on n'était pas encore aussi radical dans les écrits, qui, livrés à la publicité, ne pouvaient être désavoués avec autant de facilité qu'un discours et risquaient davantage les atteintes de la censure ecclésiastique. C'est ainsi que la lettre écrite par l'Université, le mercredi 4 février 1254, à tous les prélats du royaume ne contient que l'exposé des anciens griefs. Cette longue épître était une manœuvre habile destinée, dans l'esprit des Maîtres, à leur rendre la faveur dont les avait toujours entourés l'épiscopat, s'il se trouvait que les menées des Mendiants l'eussent un peu ébranlée. Elle raconte longuement l'histoire de la corporation, ainsi que les démêlés survenus entre elle et les religieux, sans fournir d'ailleurs aucun détail que nous n'ayons déjà rapporté, et elle se termine ainsi : « Nous vous disons toutes « ces choses, afin que vous connaissiez la vérité et que vous nous « défendiez; autrement, il est à craindre que l'École de Paris, « qui est le fondement de l'Église, étant ébranlée, l'édifice ne « soit lui-même en danger de tomber (1). »

Cependant l'affaire avait été portée par les Dominicains devant le pape Innocent IV, qui leur était alors très favorable, et auprès de qui ils étaient vivement défendus par des personnages considérables de la Cour romaine. Le plus célèbre de ceux-ci était sans contredit le cardinal Hugues de Saint-Cher, ou de Saint-Thierry, comme on le nomme parfois. Il était du diocèse de Vienne, avait étudié à l'Université de Paris et y avait ensuite

(1) Voir cette lettre dans Du Boulay, p. 255-258. C'est probablement de cette lettre que parle Cantimpré, quand il dit (liv. II, ch. x, § 23, page 175) que l'Université, ne pouvant ruiner autrement les Jacobins, écrivit contre eux « *per diversa loca et regna litteras infamatorias, plenas mendaciis* ».

professé avec éclat l'Écriture sainte. Entré chez les Dominicains en 1227, il avait ensuite enseigné chez eux la théologie, dirigé l'exécution de l'important ouvrage connu sous le nom de *Correctorium Parisiense* (1), et pris parti contre les séculiers dans l'affaire des Bénéfices (2). Il avait été créé, au conseil de Lyon, en décembre 1244, cardinal-prêtre du titre de Sainte-Sabine. Envoyé, en 1253, comme Légat du Pape en Allemagne, il revint ensuite à Rome (3), où le vinrent rejoindre en même temps le Prieur des Dominicains et le Gardien du couvent des Mineurs (4).

L'Université, de son côté, y envoya une députation à la tête de laquelle se trouvait Guillaume de Saint-Amour. Pour subvenir aux frais du voyage, les étudiants se cotisèrent entre eux et le souverain Pontife autorise cette conduite en permettant, le 15 juillet 1254, à Guillaume, de reprendre ainsi sur l'Université la somme qu'il avait dû débourser jusqu'à ce moment pour son

(1) Le titre complet de cet ouvrage est : *Correctorium Parisiense, vel Sacra Biblia recognita et emendata, id est a scriptorum vitiis expurgata, additis ad marginem variis lectionibus, codicum manuscriptorum Hebræorum, Græcorum et veterum Latinorum, ætate Caroli Magni scriptorum.* Il composa aussi, ou fit composer sous sa direction, une *Concordance biblique* où tous les mots du texte sont catalogués par ordre alphabétique, puis il écrivit des remarques, ou *Postilles*, sur toute la Bible, des *Commentaires sur les Psaumes*, et *le Miroir des Prêtres*.

(2) Il se tint à Paris, en 1235 et 1238, sous la présidence de Renaud, évêque de Paris, des conférences au couvent Saint-Jacques pour trancher cette question de la pluralité des bénéfices. L'assemblée, à l'exception d'Arnould, docteur de l'Université, et du Chancelier de l'Université, avait décidé que, puisque quinze livres de Paris pouvaient suffire à la vie d'un ecclésiastique, ceux qui possédaient des bénéfices leur rapportant davantage ne pouvaient les conserver sans pécher mortellement. Le Chancelier de l'Université, racontent quelques chroniqueurs contemporains, apparut une nuit à Hugues de Saint-Cher et lui déclara qu'il était damné pour trois raisons, dont la première était qu'il avait soutenu la pluralité des bénéfices. Quant au docteur Arnould, il devint évêque d'Amiens.

(3) Il mourut à Orviéto, en 1262, attestant qu'il aurait mieux aimé mourir de la lèpre que revêtu de la pourpre. Son corps fut rapporté au couvent de Lyon où le cardinal avait été religieux.

(4) Les Franciscains n'ont dans tous ces débats qu'un rôle secondaire. Jamais l'Université n'ordonna rien contre eux en particulier. Ils se plaignirent, il est vrai, à Innocent IV que les séculiers troublaient leurs écoles et inquiétaient leurs professeurs, mais nous n'avons vu nulle part aucun décret d'exclusion les concernant. L'Université, dans cette lettre de février 1254, ne se plaint que des Jacobins, et Alexandre IV, quand il prononcera en faveur de ceux-ci, n'ordonnera rien de particulier à l'égard des Mineurs. La cause occasionnelle du voyage à la cour pontificale du Gardien de leur couvent de Paris est sans doute le refus opposé par les universitaires de recevoir Bonaventure de Fidenza au doctorat.

séjour à Rome, et en l'autorisant à emprunter encore trois cents livres qui lui pourraient permettre d'attendre le prononcé du jugement.

On ne sait rien de bien précis ni de bien clair sur ces premières démarches à la cour pontificale. L'opinion la plus probable est que le Pape ordonna que toutes choses dans l'Université seraient remises en l'état où elles étaient avant 1253, jusqu'à ce qu'il ait pu examiner l'affaire en détail (1). Innocent IV évitait ainsi de se prononcer pendant que les esprits irrités se refusaient à toute conciliation et il semblait vouloir attendre de la temporisation un apaisement, peut-être même une entente, que ne remplaceraient jamais toutes les décisions de son autorité suprême. C'est dans cette intention encore qu'il ordonna que, nonobstant les décrets qu'elle avait portés, l'Université ne ferait rien de nouveau au préjudice des Jacobins et des Cordeliers, jusqu'à l'Assomption de l'année 1254 ; que les évêques de Senlis et d'Évreux y tiendraient la main et que, si les parties ne concluaient point un accord avant cette date, les mêmes évêques les citeraient alors à comparaître devant lui, par procureurs, afin qu'il leur ordonnât ce qu'il croirait le plus utile.

On comprend facilement l'incertitude d'Innocent IV, quand on réfléchit à sa situation vis-à-vis de l'Université et des Mendiants. Il était le protecteur-né, en même temps que l'autorité suprême de la première, il se souvenait de tout ce que ses prédécesseurs avaient fait pour elle, et son amour pour la science et les savants ajoutait à ces considérations des motifs d'autant plus puissants qu'ils étaient personnels. Mais il ne pouvait oublier non plus ce qu'avaient fait en faveur des religieux les trois Papes auxquels il succédait sur le siège de l'Apôtre. Innocent III, le plus grand peut-être de tous les pontifes romains, avait approuvé les Ordres Mendiants, Honorius III les avait solennellement confirmés (2) et Grégoire IX les avait comblés de privi-

(1) Voir Du Boulay, p. 284.

(2) La dernière bulle d'Honorius III est datée du 22 décembre 1216; elle est ainsi conçue : « Honorius, évêque, serviteur des serviteurs de Dieu, au cher fils Dominique, prieur de Saint-Romain de Toulouse, et à vos frères qui ont fait et

léges et d'honneurs. La balance donc ne penchait point encore.

L'opinion publique était favorable à l'Université, autant du moins qu'on en pouvait juger au delà des Alpes où les nouvelles de la France ecclésiastique, alors comme aujourd'hui, n'arrivaient qu'en passant par les hauts dignitaires de l'Église : et l'on a vu que les Maîtres avaient été assez habiles pour se concilier leur faveur par un appel en apparence désintéressé. Ajoutons encore les opinions qui commençaient à se répandre sur la question de validité des privilèges donnés aux Mendiants, sur leurs conséquences désastreuses, et l'on verra facilement que le clergé séculier tout entier devait croire ses intérêts inséparables de ceux de l'Université.

Puis, il faut le dire, à la ferveur merveilleuse qui avait embrasé les religieux aux premiers jours de leur existence, avait succédé une sorte de relâchement. Nous n'en voulons d'autres preuves que la lettre écrite trois ans après, alors que l'affaire était encore pendante au tribunal du Pape, par Bonaventure, Général des Franciscains : « Cherchant les causes pour lesquelles la splendeur de notre Ordre s'obscurcit, disait-il, le 23 avril 1257, à tous les Provinciaux et Supérieurs de l'Ordre, je trouve une multitude d'affaires pour lesquelles on demande avec avidité l'argent, et on le reçoit sans précaution, bien que ce soit le plus grand ennemi de notre pauvreté. Je trouve l'oisiveté de quelques-uns de nos frères, qui demeurent dans une sorte d'état de difformité entre la contemplation et l'action; je trouve la vie vagabonde de plusieurs, qui pour donner du soulagement à leur corps sont à la charge de leurs hôtes et scandalisent au lieu d'édifier; je trouve les demandes importunes qui font craindre aux passants la rencontre de nos Frères comme celle des voleurs; la grandeur et la curiosité des bâtiments qui trouble notre paix, incommode nos amis, et nous expose aux

feront profession de la vie régulière, salut et bénédiction apostolique. — Nous, considérant que les Frères de votre Ordre seront les champions de la Foi et de vraies lumières pour le monde, nous confirmons votre Ordre avec toutes ses terres et ses possessions présentes et à venir, et nous prenons sous notre gouvernement et protection l'Ordre lui-même avec tous ses biens et tous ses droits. » (*Bullaire des Frères Prêcheurs*, p. 4.)

mauvais jugements des hommes ; la multiplication des familiarités que notre règle défend, qui causent des soupçons et nuisent à notre réputation;... l'avidité des sépultures et des testaments qui attire l'indignation du clergé et particulièrement celle des curés;... enfin la grandeur des dépenses, car nos frères ne veulent pas se contenter de peu et la charité est refroidie. Ainsi, nous sommes à charge à tout ce monde et nous le serons encore plus si on n'y apporte promptement remède (1). »

Disons encore que les religieux étaient soupçonnés d'être favorables à une hérésie qui sera condamnée plus tard et dont nous parlerons longuement : celle des joachimites; qu'Innocent IV avait un neveu qui était entré contre le gré de son oncle chez les Dominicains, alors que celui-ci le voulait faire élever dans le monde, et imaginons la parole persuasive de Guillaume de Saint-Amour exploitant tous ces griefs, et tirant parti de tous les soupçons qui flottaient dans l'air : nous aurons le secret de la conduite du Souverain Pontife.

Le 10 mai 1254, sans attendre l'expiration du délai que lui-même avait fixé, Innocent défendit par deux brefs à quelque religieux que ce fût, et quelques privilèges qu'ils eussent antérieurement reçus, d'admettre les fidèles à la confession, aux autres sacrements et même au saint Sacrifice de la messe dans leurs églises, sans la permission de leurs curés (2). Et comme on prétendait restreindre l'application de ces actes pontificaux au diocèse de Narbonne qui les avait provoqués, et que rien n'était moins dans l'intention du Pape, il décida par une constitution générale datée du 21 novembre 1254, rédigée, comme il le dit, conformément au droit ancien et moderne : 1° que les religieux ne recevraient point habituellement les fidèles à entendre les offices dans leurs églises les jours de dimanche et de fête, et qu'ils ne leur donneraient jamais le sacrement de pénitence sans l'autorisation de leur curé, sans quoi l'absolution ne saurait être valide, faute de pouvoirs; 2° qu'ils ne prêcheraient pas le matin

(1) Saint Bonaventure, Opusc., t. II, p. 352 (Paris 1647).
(2) Concil. Narbonens., App., p. 14 à 159.

dans leurs églises afin de ne pas détourner les fidèles d'entendre la messe dans leurs paroisses respectives; 3° que, si l'évêque diocésain ou quelqu'un à sa place devait prêcher, eux ne prêcheraient point, de peur que tant de sermons ne rendissent indifférents à la parole de Dieu; 4° qu'ils ne prêcheraient point dans les paroisses sans en être priés ou autorisés par le curé; 5° qu'ils accepteraient rarement d'inhumer quelqu'un dans leurs églises et que, lorsqu'ils croiraient devoir le faire, ils donneraient au curé de la paroisse au moins le quart des honoraires perçus; 6° qu'ils observeraient toutes ces prescriptions sous peine d'encourir *ipso facto* l'excommunication (1).

Cette ordonnance du Pape, écrivit Guillaume de Saint-Amour heureux du succès auquel il avait contribué pour la meilleure part, rétablissait l'ordre de la hiérarchie et remédiait aux maux de beaucoup d'âmes (2). Elle réjouit pareillement les ennemis des Mendiants quels qu'ils fussent et, au témoignage de Cantimpré lui-même, les religieux des autres Ordres, contents sans doute de voir ramener au régime de droit commun des frères jusque-là privilégiés. Si bien que, suivant le même auteur, si le roi et le comte de Poitiers, son frère, n'eussent pris la défense des Frères Prêcheurs, la foule des étudiants et de leurs amis eût pu leur faire un mauvais parti (3).

Mais la fortune est inconstante, elle va par un coup inattendu ranimer les espérances éteintes des uns et ruiner le fragile édifice du bonheur des autres. Après quelques jours de maladie, Innocent IV, dont rien ne faisait prévoir la fin prochaine, mourut le 7 décembre suivant. Aussitôt les commentaires allèrent leur train, renchérissant les uns sur les autres : il en a toujours été ainsi, mais combien plus n'était-ce pas à cette époque où la vie la plus ordinaire n'était pas exempte de merveilleux? Et les Dominicains de prétendre que la Providence avait voulu punir Innocent des restrictions apportées par lui aux privilèges des Men-

(1) Pour cette bulle : *Etsi animarum*, voir : Du Boulay, p. 271 et 272; Raynald, ann. 1254, § 70; Guillaume de Saint-Amour, p. 188; Tillemont, etc.

(2) Guillaume de Saint-Amour, *Œuvres*, p. 188.

(3) Cantimpré, liv. II, p. 173, 174. — Du Boulay, p. 186.

diants, ajoutant que, depuis le jour où il s'était ainsi prononcé, il avait perdu l'usage de la parole (1).

Quatorze jours après, le 21 décembre 1254, Renaud, évêque d'Ostie, était élu Pape et prenait le nom d'Alexandre IV. Le lendemain de son élection, avant même qu'il fût intronisé, il cassa la bulle d'Innocent IV « comme ayant été faite avec trop peu de délibération et par un Pape accablé d'affaires (2) ». Le Nain de Tillemont s'étonne de cette précipitation et pense qu'Alexandre IV avait eu pour délibérer moins de temps encore qu'Innocent IV, puisqu'il n'était Souverain Pontife que depuis vingt-quatre heures (3). Il oublie que, depuis fort longtemps, Renaud d'Ostie était le Protecteur des Dominicains, avait eu à s'occuper de la bulle qui les atteignait dans leurs privilèges et pouvait mieux que personne en connaître les résultats; il s'en expliquait du reste dans une seconde bulle, adressée le 31 décembre 1254, cinq jours après son couronnement, à tous les évêques et ecclésiastiques du monde catholique, où, après avoir rappelé la Constution *Etsi animarum*, il ajoutait : « Parce que nous nous proposons de délibérer plus soigneusement en cette matière, désirant principalement le bien de l'Église, sa paix et son repos, nous avons jugé à propos de révoquer absolument ces lettres et toutes les autres qui pourraient avoir été données sur ce même sujet contre les mêmes religieux, ainsi que ce qui aurait été fait en conséquence, vous défendant de les mettre à exécution (4) ».

Les religieux se réjouirent de cette décision pontificale, qui leur rendait leurs anciens pouvoirs spirituels, et reconnurent vraiment dans leur bienfaiteur l'héritier, par le sang et l'esprit, du grand pontife Grégoire IX, qui avait placé sur les autels François d'Assise et Antoine de Padoue (5).

(1) Cantimpré, liv. II, § 21, p. 174. Nous devons ajouter qu'un écrivain ecclésiastique autrement sérieux, Raynald (anno 1254, § 70), traite cette assertion comme elle le mérite, et va même trop loin, puisqu'il prend la peine de la réfuter dans les règles.

(2) Du Boulay, p. 273.

(3) Tillemont, p. 165.

(4) Du Boulay, p. 273. — Wading, *Appendice*, t. II, p. 18.

(5) Alexandre IV était le neveu de Grégoire IX.

Ce leur fut aussi un encouragement à poursuivre leurs revendications, et, sur leurs instances, Alexandre fit commencer une enquête touchant les faits reprochés à l'Université. Nous ignorons si Guillaume de Saint-Amour était à Rome, mais cela nous parait peu probable. Après avoir agi auprès d'Innocent IV et s'être cru sûr de la victoire, il avait dû quitter la cour romaine : comme nous le trouverons à Paris mêlé aux événements qui vont suivre la sentence du Pape, nous ne pensons pas qu'il ait pu, dans l'intervalle, revenir d'Italie, puis y retourner. Mais un des docteurs qui avaient fait partie de la première délégation s'y trouvait assurément encore. Les Dominicains y avaient Hugues de Saint-Cher, dont nous avons déjà parlé, et Humbert de Romans, leur général (1).

Le Souverain Pontife revisa les statuts fondamentaux de l'Université et, considérant que des concessions mutuelles sont encore les plus solides assises d'une paix durable, il décida ce qui suit :

Le décret de l'Université était retiré, par lequel elle interdisait aux Ordres religieux de posséder chacun plus d'une chaire de théologie. Son chancelier devenait le seul juge de la capacité des candidats et de l'opportunité de leurs demandes ; il y satisfaisait à son gré et suivant sa conscience, sans faire acception de séculiers ou de réguliers. Les Dominicains n'étaient point exceptés de cette règle. Cependant, à cause des titres acquis dans le passé et dont on ne pouvait sans injustice les frustrer, Frères Élie et Bonhomme recouvraient avec leurs chaires la liberté d'enseigner, et les étudiants la liberté de suivre leurs cours. A l'avenir, l'Université ne pourrait plus cesser ses leçons sans le consentement des deux tiers au moins des membres de chaque Faculté, mais alors ces religieux étaient contraints de cesser aussi les leurs.

Alexandre IV consacrait ainsi le droit des religieux à l'enseignement public dans l'Université, c'est-à-dire qu'il mécontentait

(1) Humbert de Romans, originaire de Romans dans le Dauphiné, était entré dans l'ordre des Prêcheurs en 1235 ; il avait été étudiant à l'Université de Paris et devint docteur en théologie. En 1254, il fut élu Général de son Ordre, résigna sa charge en 1263 et se retira au couvent de Lyon, où il mourut en 1277. Il a laissé plus de deux cents sermons, en outre d'ouvrages autrefois célèbres, dont le plus connu aujourd'hui est *La Somme des Prédicateurs*, publiée une première fois à Vienne, en 1604, et une seconde fois à Barcelone, en 1607.

celle-ci ; mais il ne satisfaisait pas non plus complètement les Mendiants, car, au lieu de la situation privilégiée et nettement définie qu'ils désiraient, il les soumettait au régime commun à tous les autres Ordres religieux.

Il est impossible cependant de ne pas reconnaître la haute valeur de la décision d'Alexandre IV. La justice théorique n'y est pas seule satisfaite. Il y a beaucoup plus. Il y a le sentiment de la libre action qu'il importait souverainement de laisser aux forces en présence, pour ne pas fausser l'avenir : et ceci n'est plus seulement le trait d'un juge équitable, mais d'un esprit clairvoyant ou d'un homme heureusement inspiré. Il y a là quelque chose qui intéresse au plus haut point la Science sociale.

Ce n'est pas tout, en effet, dans l'histoire, que de juger les institutions et leurs agissements, au point de vue des droits positifs : il faut profondément sonder ce que valent les institutions par elles-mêmes et compter le résultat auquel leurs agissements doivent aboutir. La physionomie de l'histoire s'en trouve singulièrement changée. Alors, les actes ne sont plus seulement appréciés dans leurs rapports avec le bon droit de leurs auteurs, ni même pour le témoignage qu'ils rendent à l'intelligence de ceux qui les ont produits, mais ils sont estimés par la convenance qu'ils ont eue avec la réalité des choses. C'est un jugement qui explique leur destinée.

Si l'Université, comme nous allons le voir, a succombé dans la lutte et y a méfait, c'est que, derrière son droit, elle a masqué la défense d'une cause mauvaise. Elle a pu la croire bonne; elle s'est, en tout cas, certainement trompée.

L'Université, dans ce débat, apparaît clairement comme une corporation d'hommes, qui, en se constituant, a fait du neuf, a élargi le passé par une institution inconnue à tous les siècles et a agrandi le domaine de l'esprit humain ; mais qui a prétendu en demeurer là et n'a pas admis que les temps restassent ouverts. Elle a trouvé devant elle des recrues qui, sous plus d'un rapport, se montraient supérieures à elle par une formation toute originale, celle des Ordres Mendiants, et qui rompaient plus qu'elle encore avec les habitudes dû passé. Contrairement à la raison vitale de son institution, après avoir développé et dilaté l'enseignement, elle a voulu en écarter, par des mesures restrictives spéciales, les hommes les plus capables. Quand on voit l'Université avoir tant de peine à admettre aux grades Thomas d'Aquin et Bonaventure, quand on la voit se soulever jusque dans ses fondements de peur d'être envahie par de tels hommes, quand on la voit décidée à signer son abdication plutôt que de les avoir pour confrères, eux et leurs disciples, avec toute faculté de les contrôler à leur entrée comme les autres, on ne peut s'empêcher de reconnaître que, chargée d'un office public, elle veut s'en faire un droit, sans compter avec son devoir et sans tenir compte du but de sa charge; elle veut se faire un fief des esprits commis à ses soins; elle écarte le progrès par le monopole; elle entre dans la voie de tous les corps de métier au moyen âge décadent, qui, après s'être réunis pour l'avancement de leur art, se sont fermés contre les nouveautés qui les devaient surpasser. L'Université obéissait à ce malheureux esprit des gens parvenus et en tranquille possession, qui tirent l'échelle après eux et veulent que le monde s'arrête au point où ils l'ont amené. Nous la verrons ne pas vouloir admettre d'autre organisation de la vie religieuse ni d'autre distribution de la juridiction ecclésiastique, que celle des temps antérieurs : ce sont là ses deux grands chevaux de bataille. Elle se montre enchaînée au passé, inintelligente du présent et de l'avenir. Elle ne comprend pas ce que le peuple chrétien avait si bien compris et avait accueilli avec une si grande faveur, c'est que la nécessité de vivre des dons renouvelés des fidèles était le meilleur contrôle apporté aux services rendus par les religieux; ils ne tiraient plus leurs ressources, comme leurs devanciers, du soin donné à la terre, indépendamment de la valeur de leur action religieuse, mais ils les devaient attendre de l'appréciation incessamment faite par tous du soin qu'ils donnaient aux âmes. Ils entraient en cela dans la condition salutaire de l'ouvrier, dont le travail doit constamment soutenir le salaire.

Ils ne différaient de lui que par la plus indispensable et la plus chrétienne des combinaisons, qui ne mettait pas leur salaire à la charge individuelle de chacun de ceux auxquels ils avaient affaire, mais qui laissait les riches payer pour les pauvres, sans les taxer d'ailleurs en quoi que ce fût ; c'était la conversion du salaire en aumône volontaire, transformation qui convient par essence aux ouvriers évangéliques. Mais ce n'était pas la seule institution supérieure qu'apportaient les Religieux Mendiants. Les pouvoirs du ministère, que le grand pape Innocent III leur avait donné d'exercer sans entrer dans les cadres du clergé, rompaient avec l'étroitesse, la minutie, le morcellement des juridictions locales; elle affranchissait le peuple chrétien de cette organisation quasi féodale de l'administration ecclésiastique, elle élargissait l'action de l'Église; le temps était fini, en effet, où la vie se limitait à l'horizon du clocher paroissial; une époque s'ouvrait de communications plus faciles, plus fréquentes, plus lointaines, et cette époque ne devait pas finir. Une brèche était faite à l'autorité exclusive du clergé réglementaire : les nouveaux moines, en exerçant sur son propre territoire, lui apportaient l'émulation la plus directe et, par elle, le meilleur moyen de réforme. Ainsi ces mendiants, ces gyrovagues, comme les appelait Guillaume de Saint-Amour, et ces hommes hors cadre appliquaient dans la sphère religieuse ces trois grands modes d'action des temps modernes, le libre contrôle de leurs services par le public, l'élargissement des frontières et la concurrence. L'Université, en s'opposant à ces nouveautés, se heurtait au bien, au vrai, à la force des choses, et la logique voulait que, pour se défendre, elle niât la légitimité de ce qu'il y avait de meilleur. C'est précisément ce que nous allons voir.

VI. — REFUS DE SOUMISSION DE L'UNIVERSITÉ, ET PARTICULIÈREMENT DE GUILLAUME DE SAINT-AMOUR, AUX ORDRES DU SAINT-SIÈGE.

Alexandre IV parut bien avoir conscience de l'œuvre qu'il avait faite, et il mit une extraordinaire énergie à maintenir le jugement qu'il avait porté. Par une bulle fameuse : *Quasi lignum vitæ*, datée du 14 avril 1255, précédée d'une lettre adressée le même jour à toute l'Université et spécialement à la Faculté de théologie, cause des procès et ami de la résistance, il leur apprit ce qu'il avait cru devoir décider dans l'intérêt général et de la paix et leur enjoignit formellement d'obéir dans les quinze jours qui suivraient la réception de cet envoi. Quant à ceux des membres de l'Université qui se refuseraient plus longtemps à la soumission, le Pape les déclarait suspendus de leurs fonctions et privés de leurs bénéfices. L'évêque d'Orléans, Guillaume de Bussy, et celui d'Auxerre, Guy de Mello, devaient y veiller et user au besoin, pour les contraindre, des censures ecclésiastiques.

Dans cette bulle *Quasi lignum vitæ*, où il formulait ses volontés, Alexandre IV mêlait aux reproches qu'il faisait à l'Université quelques éloges qui durent singulièrement flatter l'amour-propre des docteurs : il comparait leur corporation à l'Arbre de vie qu'aux premiers jours de l'humanité, Dieu avait placé au centre de 'Éden; elle ressemblait aussi, disait-il, à cette lampe toujours ardente dans les temples, devant les tabernacles du Seigneur. Cependant, les maîtres ne jugèrent pas suffisantes ces compensations morales et résolurent d'en obtenir d'autres plus positives, et cela par tous les moyens possibles. Après une réunion plénière tenue dans les premiers jours d'octobre (1255), ils rédigèrent et envoyèrent au Pape un long mémoire, daté du 4 de ce même mois, et que nous résumerons brièvement.

Le mémoire s'ouvre par de longues protestations de dévouement et de vénération envers le Siège Apostolique, puis vient un récit nouveau, très circonstancié, de la querelle des Mendiants qui, disent les docteurs, ont apporté le trouble dans l'Université et se vantent « d'avoir obtenu de Votre Clémence une lettre subreptice : *Quasi lignum vitæ*, bouleversant l'ancien ordre de choses de notre Corporation, jusqu'à la détruire entièrement ». Ils montrent ensuite que, si le droit de suspendre leurs cours quand leurs privilèges sont méconnus, est soumis dans chaque cas à l'approbation des deux tiers de l'Université, il devient illusoire par ce fait que les religieux pourront arriver à occuper plus du tiers des chaires publiques et ne voudront jamais se ranger à l'opinion des séculiers. Cela leur est une occasion de charger de toutes leurs malédictions les *Mendiants*, qui ont recours, disent-ils, à la puissance seculière : *opprimunt nos per secularis potestatis terrores;* puis, venant à Guillaume de Saint-Amour, le grand champion de leur cause, ils s'expriment ainsi : « Ces Frères (les Dominicains), poussés du malin Esprit, ont encore inventé une calomnie contre Maître Guillaume, homme vénérable, notre chapelain, et professeur de Théologie, qui leur est odieux parce qu'il prend notre défense. Ils l'ont accusé faussement d'avoir attaqué Votre réputation qui a toujours été hors d'atteinte et d'avoir lu plusieurs fois dans nos assemblées un libelle diffamatoire contre Vous, voulant ainsi nous rendre tous coupables de l'avoir écouté avec plaisir. Et, par l'entremise de votre Nonce, Grégoire, alors de passage à Paris, ils ont porté leurs plaintes à l'Évêque de Paris et jusque devant le roi. Guillaume de Saint-Amour, cité devant l'évêque, a demandé que le Nonce y comparût aussi pour dire ce qu'il avait appris qu'on lui reprochait et produire les *Mémoires* qu'il disait avoir reçus contre lui. L'Évêque n'osa citer le Nonce, ni le Nonce comparaître en jugement, mais variant en ses discours, il nia ce qu'il avait naguère affirmé, puis s'éloigna subitement de la ville. L'Évêque alors, après d'assez longs détails, ne trouvant aucune preuve juridique contre Guillaume, qui offrit de se purger canoniquement devant 4.000 clercs, le déchargea juridiquement de cette poursuite. »

Ils protestent ensuite contre les condamnations dont, à la requête des Jacobins, les évêques d'Orléans et d'Auxerre les ont frappés, et déclarent au Souverain Pontife ce qui suit : « Voyant que vous avez jugé à propos de rétablir, par votre pleine puissance, dans le corps de l'Université, Frères Bonhomme et Élie que nous avions exclus pour leur rébellion, nous n'avons pas cru devoir résister à leur rétablissement (1), parce que nous ne

(1) Probablement le *rétablissement* dont ils parlent ici est la liberté donnée aux deux religieux de faire en paix leurs cours.

pouvons poursuivre des procès, principalement contre des gens qui les aiment. Mais nous avons trouvé qu'il nous serait moins fâcheux de nous priver des avantages de l'Université, que de souffrir plus longtemps la société de ces religieux que nous avons éprouvé nous être préjudiciable et que nous craignons qui ne soit dangereuse à toute l'Église. Nous avons aussi considéré que la société se forme d'ordinaire par amitié et non par force et que, suivant la règle du droit, on ne peut obliger personne à entrer, à demeurer en société malgré lui; nous nous sommes donc séparés du corps de l'Université, renonçant à ses avantages et à ses privilèges et, ainsi, nous avons évité la société de ces religieux sans contrevenir à vos mandements. » En conséquence, ils demandaient seulement à rester à Paris en qualité de Maîtres indépendants et sans constituer une nouvelle corporation, mais se refusaient à laisser les Dominicains se mêler à eux, ne souhaitant qu'une chose, c'était de les voir, eux et leurs écoliers, jouir de tous les privilèges accordés autrefois à l'Université. Ils se croyaient obligés en conscience d'agir ainsi, étant donnés les divisions et les troubles que les Mendiants avaient apportés parmi eux comme ils feraient bientôt dans toute la Catholicité. Au surplus, ajoutaient-ils, nous avons d'autres motifs encore que nous sommes prêts à donner dans un concile provincial ou général. Et les professeurs, « restes de la dispersion de l'École de Paris, qui demeurent encore à Paris sans y former le corps de l'Université », scellent leur lettre des sceaux des Quatre Nations, car ils n'ont plus de sceau commun : *utpote ab Universitatis collegio separati.*

Avant de voir ce qui résulta de cette lettre, ou mieux ce qui la suivit, nous dirons plus en détail l'incident auquel la prédication de Guillaume de Saint-Amour avait donné lieu et dont il n'est dit dans le *Mémoire* qu'un mot en passant. Depuis le carême de 1253, où les Universitaires avaient commencé à porter dans la chaire leurs attaques contre les religieux, Guillaume s'était fait remarquer entre tous par la violence de sa parole, autant que par son éloquence naturelle. Malheureusement, nous sommes réduits à en juger à peu près sur le dire de ses contemporains, très peu des sermons prononcés par l'illustre Maître pendant ces deux années étant parvenus jusqu'à nous. Quoi qu'il en soit, nous savons que ses attaques portaient principalement contre le vœu de pauvreté dont les Mendiants avaient fait la base de leur Institut. Ceux-ci, aussi bien que leurs amis, murmuraient hautement, si bien que l'archevêque de Tours (1) qui aimait les religieux d'une dilection spéciale, prêchant un jour devant le roi et l'évêque de Paris, accusa Guillaume d'avoir enseigné plusieurs erreurs. Celui-ci, ayant appris que, dans la même semaine, ses ennemis avaient présenté à Louis IX des Mémoires accusateurs contre lui, crut de son devoir de monter en chaire le dimanche suivant dans l'Église des Saints-Innocents, où il prêchait d'ordinaire, et de se justifier publiquement dans un grand discours, que nous avons encore, sur le Pharisien et le Publicain (2). C'est une paraphrase de la belle parabole évangélique dans laquelle, employant habilement les données fournies par le texte sacré, l'orateur laissait libre cours à sa verve emportée contre les Mendiants. Sous la figure du Pharisien, il les montrait s'approchant de l'autel et voulant se parer aux yeux de Dieu, comme ils faisaient à ceux des hommes, de toutes les vertus et de tous les héroïsmes, tandis que les séculiers se tenaient auprès de l'entrée du temple avec le Publicain et se rendaient, par leur pieuse humilité seulement, agréables au Seigneur. — Et qu'on ne vienne point m'apporter comme un argument triomphant la pauvreté dont se targuent les religieux, disait-il; il y a deux sortes de pauvreté : la première, qui est une renonciation volontaire à tout ce que l'on pourrait posséder et le pain quotidien acheté par le rude labeur de chaque jour. Celle-là est légitime, honorable, sublime parfois, et méritoire toujours pour l'éternelle vie. L'autre, c'est la renonciation aux biens temporels pour vivre d'aumônes, c'est la mendicité érigée en principe, organisée, légitimée; celle-là est à ses yeux une paresse criminelle que l'on ne doit point tolérer, mais réprimer

(1) L'archevêque de Tours était alors Pierre de Lamballe ou peut-être son successeur immédiat que nous trouvons sur ce siège en 1257.

(2) *Œuvres de Guillaume de Saint-Amour*, p. 103 et suiv.

énergiquement : à des mendiants valides, conclut-il, on doit la correction et rien autre chose.

Ce sermon contient en germe toutes les idées dont nous verrons l'évolution successive dans la vie et les autres ouvrages de Guillaume : erreurs qui le conduiront à sa perte, mais dont il n'est point seul responsable. Nous avons vu les contemporains des Ordres religieux naissants s'élever déjà contre certains abus qui en déparaient la jeunesse, abus qui, je le veux, sont imputables à la seule faiblesse humaine, mais qui n'en relèvent pas moins de l'opinion publique; joignons encore à cela la haute dignité qu'occupait Guillaume dans l'Université dont il devait défendre la cause, et souvenons-nous qu'il était franc-comtois, c'est-à-dire à la fois généreux et violent, et nous comprendrons que, le premier pas fait, il ait marché sans tourner les regards en arrière dans une voie où la justice semblait l'avoir elle-même engagé.

Le lendemain du jour où le Maître avait parlé, le professeur et les étudiants s'assemblèrent sous sa présidence, et, prenant de nouveau la parole, il les exhorta chaleureusement à ne point déserter la lutte et désespérer de la victoire avant le combat. Il fallait triompher à tout prix, pour leur bonheur d'abord et pour leur honneur, puis pour l'honneur aussi de ceux qui viendraient après eux et continueraient l'Université.

Sur ces entrefaites un nonce du Pape, Grégoire, dont il est parlé plus haut, vint à passer à Paris. Les Dominicains virent là un bienfait de la Providence et, saisissant l'occasion avec empressement, dénoncèrent au prélat leur redoutable adversaire; ils l'accusèrent d'avoir lu dans plusieurs assemblées un libelle injurieux pour le Pape, l'entendant dans ce sens, pensons-nous, qu'attaquer un ordre religieux approuvé par le Souverain Pontife, c'était attaquer le Souverain Pontife lui-même. Comment Guillaume se justifia-t-il? Nous l'ignorons; mais la coutume du temps nous laisse à penser que ce fut par quelque spécieuse distinction scolastique, art dans lequel il était passé maître. Toujours est-il que Renaud de Corbeil le renvoya absous des fins de la plainte.

Quelques jours après, l'Université entière écrivait au Pape le

Mémoire dont nous avons parlé. Ce Mémoire ne paraît pas avoir fait sur l'esprit d'Alexandre IV une grande impression, car il est vraisemblable qu'il l'avait reçu quand il envoya successivement quatre brefs pour réduire la résistance des séculiers et les contraindre à exécuter ses premiers ordres.

Le premier de ces brefs est du 25 novembre 1255 et concerne le Chancelier de la Corporation, qui avait le pouvoir exclusif de donner la licence d'enseigner dans les quatre facultés. Le Souverain Pontife lui interdisait d'approuver et de laisser monter en chaire ceux des docteurs qui ne se soumettraient point à la bulle *Quasi lignum vitæ*.

Le second est du 7 décembre : il ordonne aux évêques d'Orléans et d'Auxerre d'excommunier nommément, après un monitoire, les récalcitrants quels qu'ils fussent et malgré qu'ils déclarassent en appeler à Rome ou prétendissent avoir cessé de faire partie de l'Université.

Le troisième, daté du même jour, suspend nommément Guillaume de Saint-Amour, Odon de Douay, Laurent d'Angleterre et Chrétien de Beauvais, de tous leurs offices et bénéfices, « s'il est constant et manifeste » qu'ils se soient opposés à la réception dans l'Université des deux Jacobins.

Le quatrième enfin, venu trois jours après le précédent, confirme et précise celui-ci. Il limite à quinze jours le délai dans lequel Guillaume et ses adhérents devront se soumettre, leur enlève le droit d'appel au Saint-Siège et déclare nulle et non avenue la dissolution de l'Université (1).

On a discuté souvent la validité ou pour mieux dire la légitimité de cette fin de non-recevoir absolue opposée par le Souverain Pontife à la dissolution de l'Université. Il est clair cependant qu'une corporation proprement *ecclésiastique* ne peut se constituer ni se séparer sans l'autorisation du pouvoir suprême qui lui donne l'existence; c'est un vrai contrat bilatéral emportant des obligations pour la partie qui a accepté de l'Église non pas seulement pouvoir, mais mission et charge. Les docteurs pris

(1) *Bullaire d'Alexandre IV*, p. 26, 30, 31, 34; Du Boulay, p. 292 et suiv.

isolément ont évidemment le droit de se retirer, même si leur démission revêt le caractère d'un acte de protestation ou d'insubordination, mais ils perdent alors le pouvoir d'enseigner, pouvoir que conserve exclusivement la Corporation autorisée dont ils cessent de faire partie. Les Maîtres séculiers ne l'entendaient point ainsi : ils voulaient dissoudre l'Université pour échapper à des obligations qu'ils trouvaient trop onéreuses, mais comptaient emporter avec eux ce qu'il leur plairait des droits dont ils avaient joui, celui d'enseigner par exemple, tout en se soustrayant à la juridiction pontificale.

Alexandre IV était donc dans les limites de ses pouvoirs en refusant aux Maîtres la permission de dissoudre leur corporation, et la prudence le lui commandait aussi bien que le droit. Si l'Université se fût dispersée, si les docteurs avaient cessé de faire un corps, dont la grande force était l'unité, pour ouvrir chacun de leur côté des écoles, dont le succès eût été des plus aléatoires et sujet à des retours de fortune, c'en était fait de cette grande Corporation qui avait porté si haut le niveau de la science sacrée et profane, en même temps que la réputation et la gloire de la France. Les difficultés du présent ne devaient point lui faire désespérer de l'avenir et il espérait que, pacifiée et rendue aux études paisibles qui étaient sa vocation, l'Université pourrait continuer à rendre à la cause de la religion et de l'Église les mêmes services que jadis.

L'affaire de la réintégration des deux professeurs Jacobins se compliqua d'une autre qui devait faire oublier un peu la première : nous voulons parler de la réception au doctorat de Frère Thomas d'Aquin. Thomas d'Aquin, dont nous n'avons pas à raconter la vie assez connue, se trouvait à Paris depuis 1252 et devait y rester jusqu'en 1272, sauf pendant son voyage à la cour romaine où le Pape l'appellera pour défendre les intérêts des Dominicains (1). C'est pendant ce séjour à l'Université, l'avant-dernier

(1) Thomas d'Aquin était né en Italie en 1224 et entré chez les Dominicains en 1241 ; il fut envoyé à Paris en 1245, suivit son maître Albert le Teuton à Cologne, d'où il revint seul en 1252. Appelé en Italie en 1263, il y resta jusqu'en 1269. Il fut alors envoyé de nouveau au couvent de Saint-Jacques qu'il quitta pour Naples en 1272. Il mourut en

qu'il y fit, que le prieur du couvent de Saint-Jacques le présenta à Aymeric, chancelier de Notre-Dame, pour que la licence lui fût conférée. Ce docteur, mieux disposé que ses collègues en faveur des Mendiants, fit ce qu'on lui demandait, sans attendre l'ordre du Souverain Pontife que les Dominicains avaient supplié d'intervenir dans cette affaire. Alexandre IV l'ayant appris, l'en remercia par une lettre que nous avons encore et qui est datée du 3 mars 1256; il lui commandait aussi de prendre des mesures nécessaires afin que « le licencié Thomas d'Aquin » pût faire sans retard ce qu'on appelait à cette époque le *Principium*, c'est-à-dire la thèse inaugurale et solennelle qui conférait à son auteur le titre et les privilèges de docteur : « Delectabile nobis est auditu percipere, quod te in his promptum reddis et vigilem, quæ pietatem continent, vel sapiunt honestatem, prout patenter agnoscitur, quod dilecto filio fr. Thomas de Aquino, ordinis Praedicatorum, viro utique nobilitate generis et morum honestate conspicuo, ac thesaurum litteralis scientiae assecuto, dedisti licentiam in theologica facultate docendi, priusquam illuc nostrae litterae pervenient, quas tibi super hoc specialiter mittebam quia vero condecens est, ut hujusmodi negotium, a te laudabiliter inchoatum, festinum habeat exitum et felicem, devotionem tuam attente rogandam diximus, et monendam per apostolica tibi scripta mandantes, quatenus eumdem fratrem Thomam in praedicta facultate cito facias regiminis habere principium (1). » Mais les Universitaires employèrent tout leur crédit et même la violence pour empêcher que cette solennité publique eût lieu et ils y réussirent assez longtemps, puisque Thomas

1274. Ses œuvres, que tout le monde connait, remplissent 17 volumes in-folio. Les plus anciennes et les plus célèbres éditions sont celles de Venise en 1490; Nuremberg, 1496; Rome, 1570; Venise, 1594; Cologne, 1612 etc. (Voir Échard, Cantimpré, Du Boulay, et surtout Touron (*Vie de saint Thomas d'Aquin*). — Albert le Teuton, auquel l'Allemagne a donné le titre de Grand, que la postérité lui a conservé, était né en 1205; entré chez les Dominicains en 1221; élu vicaire de l'Ordre en 1236; évêque de Ratisbonne en 1260, il démissionna et se retira à Cologne en 1263; il y mourut en 1280, après plusieurs voyages en Italie. Esprit plus étendu, mais moins profond que Thomas d'Aquin, il a écrit sur tous les sujets. Ses œuvres, en 21 volumes in-folio, ont été publiées pour la première fois en entier à Lyon, en 1651

(1) Echard, *Scriptores ordinis Prædicatorum*, p. 279.

d'Aquin ne put prendre le titre de docteur qu'à la fin de 1256, en compagnie de Bonaventure de Fidenza.

En même temps qu'il envoyait ses ordres au chancelier de l'Université, le Souverain Pontife mandait à l'évêque de Paris d'excommunier tous ceux qui empêcheraient les fidèles de donner des aumônes aux religieux, ou de se confesser à eux, car c'étaient là les nouveaux moyens qu'avaient trouvés leurs ennemis pour les persécuter. Le 4 avril suivant, il renouvela aux docteurs séculiers le commandement exprès qu'il leur avait déjà fait de se soumettre à la bulle : *Quasi lignum vitæ,* les menaçant de toutes les rigueurs de sa sévérité et de son indignation, rigueurs qui les auraient déjà atteints, s'il n'avait considéré que leur simplicité était égarée par un petit nombre d'hommes audacieux dont Guillaume de Saint-Amour était le chef. Le même jour, il s'adressa de nouveau à l'évêque de Paris, lui recommandant d'invoquer la puissance du bras séculier pour faire cesser les violences dont les religieux étaient poursuivis par les étudiants de l'Université; et, huit jours après, il pria Louis IX de lui accorder sa protection dans cette affaire *pro Deo et reverentiâ nostrâ* (1).

Nous ne pouvons rapporter toutes les bulles envoyées à cette époque par le Souverain Pontife, ni les plaintes et les menaces qu'elles renferment. Les unes et les autres devenaient plus vives à mesure que croissait l'irritation et la violence des docteurs séculiers. Ceux-ci en effet, mettant à profit les nombreuses relations qu'ils avaient dans tout le royaume par le moyen de leurs anciens étudiants, aussi bien que la considération dont les entourait presque tout l'épiscopat, faisaient retentir la France entière du bruit de leur querelle et les échos s'en prolongeaient bien au delà des frontières. Dans chaque ville, dans chaque bourg, où se trouvait un couvent de réguliers Mendiants, la dispute était l'objet de toutes les conversations, et souvent le peuple et même le clergé séculier imitaient contre eux ce qui se faisait dans le capitale (2). Si du domaine des faits nous pas-

(1) *Bullaire,* d'Alexandre IV, p. 37-39, 43-45; Du Boulay, p. 258, 291, 302. 303, etc.

(2) Au dire de Cantimpré, dont il ne nous a pas conservé le nom, le couvent des Ja-

sons à celui du raisonnement, nous voyons le même progrès vers la violence. Les idées et les tendances se font chaque jour plus radicales. On a d'abord refusé aux religieux le droit d'enseigner, et l'on a voulu les confiner dans leurs couvents; le Souverain Pontife leur a donné raison sur ce point; les séculiers alors les attaquent dans ce qui est le fondement de leur existence et leur raison d'être, la pauvreté : à des mendiants valides, dit Guillaume de Saint-Amour, on ne doit que la correction. Les fidèles donc ne leur donneront point l'aumône ou, s'ils le font, ce sera au grand péril de leurs âmes, car ils encourageront ainsi la paresse (la paresse d'un Thomas d'Aquin et d'un Bonaventure par exemple), qui est un vice capital. Mieux encore, les religieux ne peuvent, prétendent leurs adversaires, ni prêcher ni confesser : un canon du concile de Latran le leur défend, car n'ayant pas de paroisses, pas charge d'âmes, ils n'ont pas de juridiction. Le Souverain Pontife leur donne-t-il encore raison sur ce point? Les Universitaires renouvellent pour la forme leur appel à Rome, prétendent qu'Alexandre est mal informé et que les amis des Mendiants l'induisent en erreur sur leur compte. Ils déclarent qu'ils sont prêts à se soumettre à un concile provincial ou national et qu'ils ne recevront les religieux dans leur sein que lorsque l'Église aura prononcé qu'ils peuvent le faire en sûreté de conscience.

cobins fut entièrement saccagé. Il y eut aussi des désordres graves à Mâcon; ce fut sans doute à cette époque que les Dominicains citèrent Guillaume de Saint-Amour devant Seguin de Lugny, évêque de ce siège et de qui relevait le Maître en tant que chanoine de la cathédrale de Mâcon. Il parvint du reste à se justifier complètement et à persuader, dit-on, à ses auditeurs que ni la prière ni la prédication n'étaient des raisons suffisantes pour vivre d'aumônes. Nous n'avons pas ce discours. Vers le même temps aussi doit-on placer les événements dont le naïf Frachetto nous fait le récit dans ses *Vitæ Fratrum*, pars I[a], cap. v[um], art. 7[us]. Nous le reproduisons à titre de simple curiosité. « A Mâcon, Guillaume de Saint-Amour fut, pour les Frères une cause de nombreuses et grandes tribulations au moment même où ils étaient plongés dans la plus grande pauvreté et bassesse de vie. Ce qui les affligeait le plus, c'était leurs dettes considérables et qu'ils ne pouvaient acquitter. Mais voici qu'un Frère, très ancien dans l'Ordre et d'une grande sainteté de vie, aperçut en songe le roi de France et Hugo de Saint-Cher qui se tenaient à l'angle du dortoir et cherchaient ensemble les moyens de venir en aide au pauvre couvent. Peu de temps après, le roi qui était en France, et Hugo qui était en Italie, envoyaient chacun 200 livres aux Frères, ce qui leur permit de payer leurs dettes et de vivre ensuite dans la prospérité. »

Guillaume ira plus loin encore : instigateur de toutes les résolutions de l'Université, principal rédacteur de tous les actes écrits, il sera encore le plus grand et le plus autorisé de ses défenseurs. Il déclarera dans ses sermons, dont retentiront toutes les chaires de la capitale, que le vice odieux de l'hypocrisie infecte de son temps l'Église entière; il prétendra arracher le masque dont se couvrent les Mendiants, il les montrera, moines oisifs et *gyrovagues* (1), pour employer le terme dont il les flétrit, s'en allant par le monde demander et obtenir par surprise, de la foi naïve et de la crédulité pieuse, en échange des promesses éternelles, le pain de chaque jour que leur « paresse » se refuse à demander au travail. Et comme si tant d'audace le pouvait mettre au rang des apôtres confesseurs de la Foi, il déclare que, pour sa cause, qui est celle de la Vérité, il est prêt à tout souffrir : la prison, la mort même. Mais surtout que rien ne décourage ceux qui partagent ses convictions. Que lors même qu'on le verrait traîné dans les fers ou conduit au supplice, il ne leur soit point un objet de scandale ou un sujet d'effroi, mais qu'ils continuent courageusement son œuvre contre l'impiété et pour l'Église du Christ (2).

VII. — GUILLAUME ÉCRIT SON LIVRE « DES PÉRILS DES DERNIERS TEMPS ».

Pour l'ardeur de combat qu'avait conçue Maître Guillaume de Saint-Amour, c'était déjà bien que d'aller de chaire en chaire, dans la capitale, prêcher contre les Ordres Mendiants; mais sa parole, tout retentissants et prolongés qu'en fussent les échos, n'arrivait qu'au petit nombre des fidèles de l'Université demeurés encore à Paris (3). Sans cesse exciter leur zèle et accroître leur

(1) *Gyrus* et *vagari*, « errer çà et là ».

(2) Voir les œuvres de G. de Saint-Amour, p. 91, 92, 102, 492 et *passim*.

(3) Nous avons vu que l'Université voulant obtenir du Pape l'éloignement des docteurs réguliers avait menacé de se dissoudre s'il n'était pas fait droit à sa demande. Pour donner un semblant d'exécution à ses menaces, l'époque ordinaire des vacances étant arrivée, presque tous ses membres se retirèrent en province.

audace, souffler sans relâche sur ce brasier pour en attiser la flamme, d'autres y pouvaient désormais suffire, auxquels il avait préparé la tâche et habitué la main; le moment était venu d'étendre plus loin le cercle de son influence et d'aller porter la bonne nouvelle jusqu'aux foyers de ceux qui n'avaient pu les quitter pour la venir chercher aux leçons de la Sorbonne.

Le succès était promis à l'ouvrage qu'il s'agissait d'écrire. La querelle avait partout passionné les esprits, et il n'était si petit pays de France ou d'alentour qui possédât une école ou un couvent où l'on n'en eût parlé, où l'on n'en disputât encore et où le livre ne dût être accueilli, sinon toujours avec faveur, du moins avec empressement.

Sans appréhension de ce côté, mais bien plutôt stimulé, Guillaume entreprit de réunir en une sorte de manuel tous les griefs des Séculiers contre les Réguliers, de les exposer dans leurs moindres détails, de les appuyer de raisonnements logiques en même temps que de preuves rigoureuses tirées de l'Écriture Sainte; en un mot, de faire contre les Mendiants, pour parler comme au moyen âge, une « Somme de l'Antimonachisme ».

La tâche était lourde, semble-t-il, mais les matériaux nombreux; le docteur n'eut qu'à puiser dans ses propres discours, dans ses lettres, dans ses leçons de théologie, dans celles de ses collègues, dans les mémoires justificatifs ou de plaintes adressés depuis deux ans par l'Université soit au Pape, soit au Roi, soit à divers prélats du Royaume. En moins de dix mois ce fut fait, et l'on eut le texte à peu près définitif du traité *Des Périls des Derniers Temps*.

Le titre en est pris de saint Paul aussi bien que le plan général : « Or, sachez-le, disait l'Apôtre à Timothée son disciple, il viendra des jours où pèseront sur les fidèles des temps périlleux. Il viendra des hommes s'aimant eux-mêmes, cupides, hautains, superbes, blasphémateurs, rebelles à leurs parents, ingrats, scélérats, sans affection, inquiets, calomniateurs, intempérants, dissolus, cruels, sans bonté, traîtres, arrogants, enflés d'orgueil et plus amateurs des voluptés que de Dieu; avec cela, ils se couvriront des apparences de la piété; mais la piété elle-même, ils n'en veulent point. Tenez ces gens loin de vous. Vous les reconnaîtrez à ces signes : ils sont ceux qui s'introduisent dans les familles et captivent des femmes chargées de péchés, n'ayant pour guide que leurs mille passions; toujours en quête d'apprendre, ils ne parviennent jamais à la science de la vérité. Pareils à Jannès et à Mambrès qui résistèrent à Moïse, ainsi résistent à la vérité ces hommes à l'esprit corrompu et à la foi pervertie. Mais ils n'iront pas loin, car leur folie se montrera aux yeux de tous, comme fit celle des magiciens d'Égypte (1). »

C'est ce texte que le Maître développe en s'efforçant de l'appliquer aux moines mendiants : « Nous ferons voir, dit-il en commençant, que, dans l'Église, il doit venir de grands périls, quelle sorte d'hommes en seront la cause, comment ils seront habiles à le faire et comment ils s'y prendront; nous montrerons ensuite quels sont ces périls et que ceux qui ne sauront ni les prévoir ni les combattre en seront les victimes, puisque ces périls sont proches et qu'il ne faut point tarder davantage de les examiner et d'y porter remède; et enfin quels sont ceux à qui incombe le devoir de veiller et d'avertir les fidèles; quel sera leur châtiment s'ils ne le font point; comment ils pourront s'y prendre pour détourner ces maux de fondre sur eux et connaître les hommes dangereux qui les doivent causer. »

Les religieux Dominicains et Franciscains, voilà les hommes dangereux que dénonce Guillaume de Saint-Amour, comme devant amener le malheur et la ruine de la société : il se défend bien, il est vrai, d'en avoir à eux, déclarant qu'il ne veut parler contre personne en particulier, ni contre aucun Ordre approuvé par l'Église, mais les religieux sont aussi clairement désignés que s'il l'étaient par leur nom. Contre qui, d'ailleurs, aurait pu écrire Guillaume, lui qui, depuis si longtemps, luttait contre les Ordres Mendiants et devait à cette polémique ardente la plus grande part de sa célébrité? Personne ne s'y trompe et Tillemont, le plus convaincu des apologistes du docteur de Saint-Amour, Tillemont lui-même assure qu'on ne pouvait manquer de reconnaître

(1) *Ad Timotheum*, Epist. 2ª, c. III.

les Dominicains (1). Le lecteur, du reste, jugera par lui-même.

L'ouvrage entier peut se ramener à ce simple syllogisme :

Tous ceux qui prêchent sans mission, quelque savants et saints qu'ils soient, sont de faux prédicateurs.

Or, il n'y a dans l'Église que les évêques diocésains et les curés qui ont mission de prêcher ;

Donc, tous les autres, quelque saints et savants qu'ils soient, sont de faux prédicateurs et doivent, comme tels, être écartés et proscrits.

Pour peu qu'on tombe d'accord sur le sens des trois mots *prédicateur*, *saint* et *mission*, la majeure de l'argument pourra être admise. Mais laissons-la passer sans la discuter, ce qui nous entraînerait trop loin. Il en va tout autrement de la mineure, que nous verrons plus tard victorieusement réfutée par Thomas d'Aquin. Voyons maintenant comment Guillaume essaie de la prouver : Il n'y a, dit-il, dans l'Église, de mission légitime que celle des évêques et des curés ; les évêques tenant la place des apôtres et les curés, celle des soixante-douze disciples. On dit bien, il est vrai, continue le docteur, que le Pape, successeur de Jésus-Christ, peut donner à qui il veut la puissance de prêcher et de confesser, comme le Christ, à l'origine, a donné ces pouvoirs aux apôtres ; mais, outre que le Pape ne possède pas sur l'Église le pouvoir absolu que possédait le Christ sur elle, s'il accorde à quelques personnes le pouvoir de prêcher partout, cela ne peut s'entendre que des lieux où ces personnes seront invitées à parler, puisque les évêques ne peuvent faire leurs fonctions en dehors de leurs diocèses, que s'ils y sont autorisés par l'évêque du lieu où ils se trouvent. Car le Pape se ferait tort à lui-même en troublant ainsi les droits de ses frères les évêques, et il n'est pas vraisemblable qu'il accorde à une multitude indéfinie de prêtres la faculté de prêcher au peuple ; autrement, ce serait créer une infinité d'évêques universels, et comme le nécessaire de la

(1) *Op. citato*, p. 189, et il ajoute : « Ceci n'était pas selon les règles de la prudence humaine, après un accord qui était plus avantageux à l'Université qu'à eux (les religieux) ». Le livre de Guillaume, en effet, commença à se répandre dans le public vers le même temps où Louis IX fit conclure entre les deux partis un accord dont nous parlerons au prochain chapitre et que le Pape cassa presque aussitôt qu'il fut fait.

vie est dû par les peuples à ceux qui les prêchent avec mission légitime, ce serait imposer au peuple une charge insupportable.

Guillaume va encore plus loin : non seulement, selon lui, ces prédicateurs « universels » n'ont pas de véritable mission, mais leur genre de vie lui-même est condamnable ; n'ayant de juridiction spirituelle sur personne, ils n'ont pas le droit d'exiger quoi que ce soit de personne ; ils mendieront donc ; mais la mendicité telle qu'ils la pratiquent est condamnable : « Si on demande quel mal il y a de mendier les choses nécessaires à la vie, je réponds que ceux qui veulent vivre par la mendicité deviennent flatteurs, médisants, menteurs. Et, si on dit que c'est une pratique de perfection de tout quitter pour Jésus-Christ en l'imitant dans la pratique des bonnes œuvres, il faut le faire en travaillant, et non pas en mendiant ; car où voit-on que le Christ ait mendié ? Celui donc qui aspire à la perfection doit, après avoir tout quitté, vivre du travail de ses mains comme faisaient Jésus et ses apôtres, encore que ceux-ci aient eu le droit de se faire nourrir par les peuples puisqu'ils les instruisaient avec mission légitime. Et si l'Église a permis, ou mieux, toléré la mendicité en quelques réguliers, il ne s'ensuit pas qu'on doive toujours la permettre contre l'autorité de saint Paul, mais plutôt révoquer cette concession après avoir reconnu la vérité. » Mais comment faire renoncer les religieux Mendiants au genre de vie qu'ils ont choisi ? « Le moyen le plus court est d'empêcher qu'ils ne reçoivent leur subsistance, car si ce secours leur manque, ils ne prêcheront pas longtemps. » C'est Guillaume qui l'affirme. C'est encore lui qui indique les signes auxquels on peut reconnaître ces faux prédicateurs, ces *gyrovagues*, pour parler comme lui : « Les séducteurs feignent d'avoir plus de zèle pour le salut des âmes que les vrais pasteurs, se vantent d'avoir illuminé l'Église et d'en avoir chassé le péché ; ils flattent les hommes dont ils peuvent obtenir quelque chose et font volontiers leurs demeures des cours princières ; ils sont habiles à se faire donner des biens temporels, soit pendant la vie, soit à la mort de leurs bienfaiteurs ; ils s'insinuent habilement partout où il y a quelque chose à gagner ; ils ne veulent rien souffrir, se fâchent quand on ne leur fait pas bonne chère, crient quand on veut les examiner, persécutent ceux qui l'entreprennent et excitent contre eux les puissances séculières ; ils recherchent les amitiés du monde et font donner des bénéfices ecclésiastiques à leurs parents, lors même que ceux-ci en sont indignes (1), etc., etc. » Et Guillaume croyait si fidèle cette peinture peu flattée, qu'il laissait « à ceux qui vivaient alors le soin de juger à qui ces signes pourraient convenir ».

Et tout cela était dit dans ce latin du moyen âge, ce latin scolastique, sec et froid, un peu sauvage, un peu discordant et dur à l'oreille, où les mots ont parfois des sonorités d'épées qui se froissent ou des lourdeurs de masses d'armes qui tombent. La thèse se présentait avec tout l'appareil obligatoire de syllogismes en forme, de preuves concluantes et surtout avec une étonnante profusion de citations de la Bible. Il semble, à parcourir l'ouvrage, que les auteurs inspirés n'aient eu en vue qu'une chose, le malheur des temps où vivait Guillaume, et que les prophètes n'aient eu qu'un souci, celui d'annoncer, de démasquer une foule d'antéchrists en bure blanche ou brune et tous mendiant le long des chemins en parlant de Jésus.

Les Périls des Derniers Temps eurent un immense succès : ils furent bientôt aux mains de toute la jeunesse savante du monde entier, qui y trouva de nouvelles armes contre les Mendiants. L'auteur, comme dit Touron, ne manquait pas de réputation, il écrivait habilement, il affichait des sentiments de zèle et se disait tout dévoué à la tradition catholique. Ses partisans, en outre, faisaient grand bruit de l'accueil favorable qu'ils disaient avoir trouvé à Rome. C'était plus qu'il n'en fallait pour réussir. Les partisans de l'Université s'en emparèrent aussi et firent de la doctrine qui y était développée le fond de leurs discours publics. Guillaume poursuivait en même temps sa prédication avec éclat et il nous reste en-

(1) Guillaume donne quarante signes auxquels on peut reconnaître les faux prédicateurs. En voici textuellement quelques-uns qui sont curieux : 1° Veri apostoli non penetrant domos, nec captivas ducunt mulieres oneratas peccatis sicut faciunt pseudo. 2° Veri apostoli non capiunt bona temporalia illorum quibus prædicant; per quod discernuntur a lupis, id est a pseudo. 3° Veri apostoli non vadunt ad predicandum illis qui habent alios apostolos, quia nolunt gloriari in plebibus alienis.

core quelques-uns de ses sermons, celui qu'il fit le jour de Saint-Philippe et Saint-Jacques dans une église de chanoines réguliers, l'explication de la Parabole du Pharisien et du Publicain (1), un sermon pour le dimanche des Rameaux, un autre pour l'Ascension, etc... et ce fut vers le même temps sans doute qu'il composa les *Questions* sur ce sujet : « Un homme peut-il renoncer à tout ce qu'il possède pour vivre ensuite de la charité publique et doit-on donner l'aumône à un mendiant valide? » Ces travaux ne sont qu'une répétition, presque sous la même forme, de ce qu'il avait dit dans son grand ouvrage. Des paroles on passe aux actes, et il n'est pas de vexations que n'eussent à subir les religieux de la part des étudiants désœuvrés et naturellement amis de la joie. Il nous semble pourtant que Rodolphe de Prussia prend les choses un peu trop au sérieux quand il dit : « Nos adversaires étaient si cruels que, si le pieux roi Louis et son frère Alphonse ne nous eussent soutenus et n'avaient pris les intérêts de notre Ordre, ils auraient exterminé les Frères et tout ce qu'ils possédaient ».

Cette citation montre au moins à quel diapason étaient montés les esprits. Mais ce qui inquiétait davantage et avec plus de raison les religieux, c'étaient les accusations portées contre leur doctrine; à plusieurs reprises, Guillaume les avait publiquement dénoncés comme auteurs d'un ouvrage pernicieux, l'*Évangile éternel*, et avait tenté de faire retomber sur le corps entier ce qui n'était la faute que d'un petit nombre des fils de François d'Assise.

L'*Évangile éternel*, ou mieux l'*Evangile du Saint-Esprit*, « livre au moins aussi gros que la Bible », à ce que dit Guillaume de Saint-Amour, était attribué à Joachim, abbé du monastère cistercien de Flore, en Calabre, et qui vivait vers la fin du douzième siècle. Il professait une sorte de mysticisme hétérodoxe, que Grégoire IX avait condamné autrefois et qui se rapprochait beaucoup des doctrines panthéistiques d'Amaury de Chartres. D'après lui, il y avait dans la religion trois époques : celle de l'Ancien

(1) Ce discours fut prononcé très probablement le jour où on lit cet Évangile, à la messe, c'est-à-dire le dixième Dimanche après la Pentecôte, et ce dimanche tombait, cette année 1256, le 13 du mois d'août.

Testament, celle du Nouveau ou Évangile de Jésus-Christ, et enfin une troisième qui était encore à venir et devait commencer vers 1260 pour durer toujours. Cette loi nouvelle est plus parfaite que les deux précédentes, parce qu'elle exclut tout à fait la vie active ; son grand, son unique précepte, c'est la vie contemplative. A cet ouvrage on avait ajouté, vers 1250, une *Introduction* qui le complétait en l'interprétant et en le mettant à la portée des plus simples esprits. Un grand nombre se laissèrent prendre et entrèrent sous le nom de « Fraticelles de la Pauvre Vie » dans cette Église nouvelle qui se parait du titre d' « Église des Spirituels », guidés par l'Esprit-Saint, et donnait à l'Église Romaine le nom méprisant d' « Église des Charnels (1) ».

Parmi ces hommes des temps nouveaux, ces précurseurs d'une radicale réforme religieuse, ces apôtres d'un troisième Testament où Jésus n'a plus de part, se trouvaient trois Franciscains : Jean de Parme, l'ancien général de l'ordre séraphique (2) et qui passait pour l'auteur de l'*Introduction*, Léonard et Gérard de San Donnino, ses fidèles disciples. Aussi, quand, en 1254, on commença d'exposer publiquement cette doctrine imaginaire, les ennemis des Mendiants les dénoncèrent à l'autorité ecclésiastique comme des coupables dignes de tous les châtiments et en tirèrent pour leur propre cause un argument presque triomphant.

Bonaventure de Fidenza venait de succéder à Jean de Parme. Aussitôt il décréta celui-ci d'accusation, ainsi que ses deux soutenants et les fit comparaître devant un tribunal composé de plu-

(1) Voir, pour ce qui concerne l'*Évangile éternel*, Guillaume de Tocco, dans les Bollandistes, 7 mars.

(2) Jean de Parme avait été, en 1250, élu général de son Ordre. Il était réputé pour sa vertu et sa science. Nous avons de lui un Traité sur le Maître des sentences ; deux livres de la Vie des religieux ; le Commerce du bienheureux François avec sa dame la Pauvreté, et enfin un traité des Bienfaits du Créateur. Tout n'est pas imprimé. Entré très jeune dans l'Ordre, il avait été reçu docteur en théologie à Paris, avait ensuite enseigné avec succès à Bologne, à Naples et à Rome. En 1245, il fut appelé au Concile de Lyon. Devenu général des Franciscains, et investi de la confiance d'Innocent IV, il avait été envoyé par lui en Orient, avec le titre de Légat, pour travailler à ramener les schismatiques à l'unité. Il sut se concilier l'estime et l'affection de tous durant cette mission délicate. Jean de Parme avait succédé au Frère Crescent, qui avait laissé le relâchement s'introduire dans la famille religieuse de François d'Assise, duquel il était le second héritier.

sieurs religieux, dont le cardinal Jean Cajetan des Ursins, depuis pape sous le nom de Nicolas III, fut nommé président par Alexandre IV. Convaincus tous trois d'avoir non pas écrit des hérésies, car jamais on n'a pu prouver que l'*Introduction de l'Évangile éternel* fût de l'un d'eux, mais de s'être « aheurtés », comme dit Fleury, d'avoir été obstinément attachés à la doctrine hérétique de Joachim, Jean de Parme fut condamné à une prison perpétuelle, ainsi que Léonard et Gérard de San Donnino (1).

En même temps que cela se passait en Italie, Renaud, évêque de Paris, avait envoyé l'ouvrage incriminé à Innocent IV. Le Pape étant venu à mourir sur ces entrefaites, Alexandre IV, son successeur, reprit l'affaire et fit examiner le livre par l'évêque de Frascati Eudes de Châteauroux, par celui de Palestrina, par Jean Colonna, Dominicain et archevêque de Messine, par Hugues de Saint-Cher, et par le Frère Pierre, Dominicain, lecteur de théologie au couvent d'Anagni. Sur leur rapport défavorable, il fit extraire 27 propositions qu'il condamna solennellement. Puis, le 23 octobre de la même année (1255), il écrivit à l'évêque de Paris de déclarer publiquement excommuniés ceux qui garderaient cet ouvrage : tous ceux qui l'avaient en leur possession le devaient brûler dans un délai fixé. Le 2 novembre, Alexandre recommanda à l'évêque de procéder avec tant de sagesse et de prudence que la renommée des Franciscains demeurât malgré tout saine et sauve : *Ut Fratres Minores quorum nomen et famam illaesa semper et integra cupimus observari, nullum ex hoc opprobrium, nullamque*

(1) Le cardinal Ottobon de Fiesque, neveu d'Innocent IV, s'étant prononcé en faveur de Jean de Parme, et ayant déclaré qu'il considérerait comme fait à lui-même tout ce qu'on ferait à son saint ami, Bonaventure offrit à Jean de Parme le choix du couvent où il voudrait se retirer; Jean désigna le couvent de Grecchia, puis de Rieti; il mourut trente-deux ans après (le 20 février 1289) à Camérino, dans un voyage qu'il avait entrepris malgré son grand âge. Il laissa la réputation d'un saint et ses reliques firent, dit-on, de nombreux miracles. Son culte se répandit peu à peu et fut autorisé définitivement par Pie VI, en 1781. On trouvera sa vie dans les Bollandistes, au 19 mars. Voir aussi, Wadding, *Annales des Cordeliers.* Quant à Léonard, il mourut en prison quelques années après sa condamnation, et Gérard de San Donnino, qui passe toujours pour le vrai et seul coupable, fut gracié après dix-huit ans de détention. Voir, pour toute cette histoire, les Bollandistes, Wadding, Fleury, liv. LXXXIV et LXXXIX; Du Boulay, p. 290 à 300; Matth. Paris, p. 929, B, C; *Spicileg.*, t. III, p. 410; Tillemont; Freher, t. I, p. 381 D; Bzovius, en 1258, etc.

infamiam incurrere valeant, sive notam, et oblocutores et aemuli non possint exinde sumere contra ipsos materiam detrahendi (1). Renaud demanda des instructions plus précises et, sur ce que le Pape lui répondit le 8 mai 1256, il se fit remettre tous les exemplaires de l'*Introduction,* défendit de le copier, de le lire, et de le garder chez soi dorénavant, et, tous les volumes qu'on lui avait livrés il les brûla, en présence du légat pontifical, Jean Gaëtan Orsini et de dix autres témoins : *Ita quod ex hoc infamia vel scandalum oriri non possint* (2).

L'Évangile éternel lui-même eut bientôt le même sort que son *Introduction* et fut frappé d'une condamnation solennelle d'Alexandre IV, condamnation que renouvelèrent les deux conciles d'Arles, en 1260.

Cet ouvrage, qui s'est, un moment, avec celui de Guillaume, partagé la faveur du public, et qui, lui aussi, a été atteint par la censure ecclésiastique, nous montre pourtant un tout autre côté de l'esprit du moyen âge. *Les Périls des Derniers Temps* sont une œuvre de combat, je dirais volontiers une fanfaronnade de force brutale, car il est constant que, si son auteur a agi avec toute la simplicité, c'a été aussi avec toute l'énergie de sa violente nature; l'*Introduction,* au contraire, est le rêve mystique d'une imagination pieuse, mais égarée hors des sentiers de l'orthodoxie : action et rêve, tendresse et brutalité, ne sont-ce pas les deux caractères saillants du treizième siècle? Et, poussant plus avant la comparaison, ne pourrait-on pas dire que ces deux traités peignent à merveille l'état d'esprit des deux classes de la société cléricale auxquelles appartiennent leurs auteurs? Guillaume de Saint-Amour, champion du clergé séculier, positif, raisonneur, violent; Gérard de San Donnino, moine épris d'idéal, rêvant la perfection, la plaçant complètement en dehors de la nature...... Mais à

(1) Du Boulay, p. 292.

(2) Du Boulay, p. 296. Crevier ne veut pas que l'*Introduction* ait été brûlée publiquement. Outre ce qu'a dit Du Boulay, nous avons encore la Chronique de Saint-Denys qui dit en propres termes : « Le livre fut publiquement ars »; celle de Limoges, qui l'affirme aussi, de même que celle de Ptolémée de Lucques. Pour tout ce qui regarde la condamnation de ce livre, voir la continuation de Baronius : Raynald, *ad ann.* 1252,

vouloir pousser trop loin les analogies, on risque souvent de se perdre.

VIII. — GUILLAUME SE DÉCIDE A ALLER A ROME DÉFENDRE SON LIVRE.

Louis IX était en Terre Sainte quand se produisirent les troubles que nous avons racontés. En 1255, il rentrait dans son royaume; la crise était alors à son paroxysme. Toujours désireux de procurer le bien de ses sujets, le bon roi résolut de mettre un terme à ce déplorable état de choses. L'Université, dont il était le protecteur, avait beaucoup souffert pendant cette longue vacance des cours, et les Ordres religieux qu'il aimait tant (1) avaient besoin de calme et de sécurité pour grandir et faire l'œuvre de salut à laquelle ils étaient voués par vocation.

Un concile provincial s'étant réuni à Paris pour traiter une affaire particulière et complètement étrangère à la question qui nous occupe, Louis IX fit prier instamment les prélats de lui prêter leur concours pour ramener la paix dans l'Église (2). Ils y consentirent volontiers et appelèrent à comparaître devant eux les députés des deux partis.

L'Université choisit pour la représenter Guillaume de Saint-Amour, le plus illustre de ses membres. Celui-ci, depuis peu chanoine de Beauvais, venait de descendre de sa chaire de théologie pour n'y plus remonter et se disposait à obéir au Chapitre de sa cathédrale qui le réclamait et le voulait posséder à son tour. Sur la demande qui lui en fut faite, il renonça à son projet et vint défendre devant le concile la grande cause que depuis si longtemps il soutenait de tous ses efforts.

n° 20; Dupin, p. 556; Matth. Pâris, p. 939, C, D, etc.; et, pour ce qu'en avait dit Thomas d'Aquin, G. de Tocco., *in act. Sanct.*, p. 667, n° 21, *in corp. art.*

(1) Louis IX avait coutume de dire que s'il pouvait faire deux parts de sa personne, il en donnerait une aux Cordeliers et l'autre aux Jacobins; ou encore, qu'il aimait l'Université comme sa fille aînée; mais qu'il donnerait volontiers sa vie pour chacun des deux ordres religieux. (Voir Harry Hœrtel, page 73.)

(2) C'était pour terminer le procès qui avait suivi le meurtre du Chantre de l'Église de Chartres. Étaient présents les évêques de la province de Sens, Guillaume de Bussi (Orléans), Renaud de Corbeil (Paris), Guy de Mello (Auxerre), Nicolas (Troyes), Bleanne, évêque élu de Meaux, et Henry, archevêque de Tours, qui présidait.

Les évêques pesèrent avec soin les raisons des deux parties (1), examinèrent attentivement le danger où cette division, outre le scandale qu'elle causait, exposait l'Église d'être déchirée par un véritable schisme, et parvinrent à se mettre d'accord sur les points suivants, séculiers et réguliers : « Les Jacobins auront deux écoles, mais jamais plus ; ceux de leurs écoliers qui ne font pas partie de leur Ordre seront reçus dans l'Université aussitôt que le Pape aura relevé celle-ci du serment qu'elle a fait de ne les point recevoir ; mais, quant aux religieux proprement dits, soit élèves, soit maîtres, l'Université se réserve de délibérer si elle les doit recevoir ou non dans son sein. Les Jacobins renoncent pour le passé et pour l'avenir à toutes les bulles touchant cette affaire, données par le Pape en leur faveur, et s'engagent enfin à travailler de tout leur pouvoir à faire lever les censures portées contre l'Université à cause des vexations qu'on leur a fait subir (2). » L'acte que le concile rédigea pour témoigner de cet accord est daté du 1er mars 1256. Les prélats y racontent comment ils ont été amenés à rendre cette sentence arbitrale, « pour le bien de la paix et sans qu'ils eussent trouvé rien de répréhensible dans les Frères Prêcheurs ». Ils déclarent enfin que, s'ils l'ont fait, ç'a été à la prière du Prieur de Saint-Jacques et des Frères Dominicains, et que le roi ayant approuvé leur conduite, ils y ont mis ainsi leurs sceaux conjointement avec ceux des religieux et de l'Université.

Mais, deux jours après, le 3 mars, Alexandre IV, qui ignorait qu'un accord fût conclu et probablement qu'on eût travaillé à l'amener, donna à Rome une bulle adressée à l'évêque de Paris et qui commença par ces mots au moyen desquels, suivant la coutume, on la désigne : *De quibusdam magistris*. Les séculiers y étaient désignés sous les noms peu flatteurs d'ennemis de la piété et d'enfants de Satan, et l'évêque de Paris recevait l'ordre formel d'excommunier tous les partisans de l'Université qui ne

(1) Les Dominicains demandaient à être reçus dans l'Université, *non per ordinationem Papæ, sed de juri communi, sicut alii scholares undecumque venientes.* (Saint-Amour, p. 95.)

(2) Du Boulay, p. 296; Saint-Amour, p. 95; *Hist. Norm.*, p. 1009 B.

se seraient point soumis déjà à la bulle *Quasi lignum vitæ*, ou qui tarderaient encore à le faire et continueraient à détourner les fidèles de s'adresser aux religieux pour recevoir les sacrements ou leur faire des aumônes.

L'évêque, surpris d'un coup aussi inattendu, n'avait pas encore eu le temps de se reconnaître que, le 4 avril, il recevait une seconde bulle plus pressante encore que la première et où Guillaume de Saint-Amour était expréssement désigné comme l'auteur de tous les maux des religieux. Et, le 12 du même mois, le roi de France était à son tour invité par le Pape à prêter main-forte à l'évêque pour l'exécution des ordres que celui-ci avait reçus de Rome.

Renaud de Corbeil avertit alors le Pape de ce qui venait de se passer à Paris, et les religieux Mendiants, pour remplir les engagements qu'ils avaient pris, pressèrent Alexandre de ratifier ce qu'ils avaient fait pour le bien de leur Ordre et la paix de l'Église. Le Souverain Pontife répondit, le 5 mai, par un premier bref où il ordonnait de s'en tenir aux ordres qu'il avait autrefois donnés et chargeait l'abbé de Saint-Maur-des-Fossés de veiller à leur exécution; puis enfin, le 17 juin, par la fameuse bulle *Cunctis processibus*, expression dernière de sa pensée sur ce grand débat qui depuis trop longtemps durait, le Pape se déclare complètement pour les Dominicains et contre les Universitaires. Il reproche à ceux-ci de n'avoir tenu aucun compte de la bulle *Quasi lignum vitæ*, non plus que des sentences des évêques commis par lui pour présider à l'exécution de ses ordres; il les accuse d'avoir voulu agir avec mauvaise foi en prétendant renoncer à l'Université et en feignant de dissoudre leur corporation; il traite de méchanceté pure la suspension de leurs cours publics; il qualifie enfin l'accord qu'ils ont fait avec les religieux, de rébellion et d'attentat détestable contre l'Église Romaine, d'injure visiblement faite au Créateur, de ruse périlleuse pour les âmes, pernicieuse pour la foi et favorable à l'hérésie. Les Mendiants ne sont, poursuit-il, venus à composition que par lassitude des mauvais traitements et des injures qu'on ne cessait de leur faire; d'ailleurs cette paix a été faite par eux imprudemment, sans le consentement de leur Maître Général et sans l'aveu du Saint-Siège; les docteurs séculiers eux-mêmes ont si peu pris cette paix au sérieux, qu'ils ne l'ont pas observée mais ont continué à prêcher contre les Jacobins et les Cordeliers : « Ces Frères, ajoute le Pape, ces Frères qui veulent avoir la paix avec tout le monde et qui aiment leurs persécuteurs, nous ont fait supplier de lever les sentences portées à leur occasion contre les docteurs et les écoliers, puisque la paix est faite entre eux. Mais Nous n'avons point reçu leur prière, et Nous avons absolument rejeté cette paix funeste, faite sans notre participation et, au fond, injuste et opposée à notre Constitution que nous voulons être inviolablement observée; et, de crainte qu'une si détestable rébellion contre l'Église Romaine ne soit d'un pernicieux exemple, Nous privons de toutes dignités et bénéfices, ainsi que du droit de faire les fonctions de docteurs, Guillaume de Saint-Amour, Eudes de Douay, Nicolas de Bar-sur-Aube et Christian de Beauvais, comme étant les principaux auteurs de cette révolte. Et si, contre Notre défense, ils osent entreprendre d'enseigner ou de prêcher, nous les déclarons indignes de tous bénéfices, et ordonnons qu'ils soient chassés du royaume de France. » Le Pape menace ensuite des mêmes peines tous ceux qui, ayant pris part à la même rébellion, ne se soumettront pas dans les quinze jours qui suivront la publication de la présente bulle et ne promettront pas de satisfaire pour le passé. Puis il ordonne enfin à l'évêque de Paris, « sous peine d'encourir son indignation et l'excommunication », de faire promptement publier cette bulle, de déclarer les quatre docteurs excommuniés, s'ils ne se soumettent pas sans réserve, et, dans ce cas, de faire pourvoir à leurs bénéfices par les collateurs ordinaires, ou, si ceux-ci s'y refusaient, d'y pourvoir lui-même dans le délai d'un mois et de solliciter du roi le bannissement des coupables (1).

Lui-même s'adressa directement à Louis IX, par la bulle *Vera fidei*, datée du 27 juin. Il le pressait, « pour l'amour de Dieu et de lui », d'assister dans cette affaire l'évêque de Paris, de lui

(1) Du Boulay, p. 302, 305; Bulles, p. 46, 55; Ms. B, p. 105; *Hist. Norm.*, 1009 C.

prêter l'appui de son bras tout-puissant, d'empêcher que l'école de Paris ne se dispersât ou se transportât ailleurs ; d'exiler promptement du royaume les quatre docteurs, s'ils ne se soumettaient sans réserve, à moins qu'il ne préférât, — et lui, Alexandre, ne le trouverait pas mauvais, — mettre sous les verrous Guillaume de Saint-Amour et Christian de Beauvais, — *qui fuerunt in perversitate hujusmodi potiores*, afin que les autres apprissent par là à obéir à l'Église (1).

Le même jour, il écrivit de nouveau à Renaud de Corbeil pour déclarer suspens tous ceux qui voudraient transférer ailleurs l'Université, et pour dénoncer encore une fois comme nul et non avenu « l'inique et téméraire » accord du 1er mars (2). Puis, le 1er juillet, il fit parvenir directement aux Jacobins de Paris l'impression du mécontentement qu'il avait eu de les voir traiter avec l'Université, sans sa permission. Et, treize jours après, le 14 juillet, il recommandait encore à l'évêque de Paris « sous peine d'excommunication » de faire fidèlement exécuter ses volontés (3).

Alexandre IV avait à cœur, on le voit, de terminer promptement cette affaire, et, convaincu que le temps de la douceur et de la patience était passé, il agissait avec vigueur ou plutôt commandait d'agir avec vigueur. Nous ne voyons pas qu'on en ait rien fait et Guillaume continua, sans être inquiété, à prêcher comme auparavant (4). Puis, les évêques des deux provinces ecclésiastiques de Sens et de Reims, c'est-à-dire ceux de Soissons, Beauvais, Noyon, Arras, Amiens, Thérouanne, Chartres, Paris, Orléans, Meaux, Troyes et Nevers, se trouvant à cette époque

(1) Du Boulay, 305, 307. Bulles 55, 56, etc.

(2) Du Boulay, 307, 308. Bulles 56, 59, etc.

(3) Du Boulay, 307, 308. Bulles, 66, 67, etc. Vers le même temps, ce qui paraîtra au moins curieux, Alexandre envoyait trois de ses neveux à l'université de Paris pour y faire leurs études. Il les recommandait, il est vrai, aux chanoines de Notre-Dame par sa lettre du 29 juin 1256, et voulait qu'ils allassent loger chez eux dans la maison des cloîtres, *ut ex conversatione honesta, morum formetur honestas;* priant le chapitre de les excepter du statut qui défendait de loger dans le Cloître d'autres personnes que les Chanoines et leurs domestiques. (Tillemont.)

(4) Nous voyons, dans l'Introduction à ses Œuvres, qu'il prêcha encore le 13 du mois d'août, très peu de jours avant son départ pour l'Italie.

réunis à Paris en concile provincial, cherchaient comment apaiser les esprits et terminer la querelle, quand le Dominicain Humbert de Romans leur fournit l'occasion de s'occuper de cette affaire d'une manière plus directe. Humbert de Romans était le cinquième successeur de saint Dominique, dans le gouvernement de tout l'Ordre des Jacobins; il se trouvait alors à Paris, où, disent les uns, l'avait appelé Louis IX, tout exprès pour être le parrain de Robert, comte de Clermont, son dernier fils (1); où, disent les autres, il tenait le Chapitre général de son Ordre (2). De l'aveu de tous, c'était un homme d'un grand talent et d'une piété éminente. Il se plaignit au concile que quelques docteurs de l'Université continuaient à tenir en public des discours hostiles aux religieux et enseignaient des erreurs théologiques touchant la pratique de la pauvreté et la confession. On fit comparaître Laurent d'Angleterre qui se justifia facilement puis, Guillaume de Saint-Amour (3). C'était à l'époque où celui-ci venait de terminer son ouvrage sur *Les Périls des Derniers Temps;* il protesta néanmoins qu'il n'avait jamais rien dit de répréhensible et jamais rien enseigné de faux; il s'offrait à défendre et à justifier tout ce qu'il avait avancé et tout ce qu'on lui reprocherait; que si, cependant, les prélats y trouvaient encore quelque chose à reprendre, il se déclarait prêt à le corriger ou à le rétracter.

Les évêques en ayant délibéré (il eût été de toutes manières plus logique d'obéir au Pape) et voyant que leur décision, favorable à Guillaume, ne contenterait pas les Jacobins et resterait complètement inutile, offrirent de tenir prochainement un autre concile, où ils appelleraient des théologiens des provinces voisines, et demandèrent aux deux parties si elles se soumettraient à la décision de cette future assemblée. Le docteur de Saint-Amour accepta avec joie, comme on pense, car c'était pour lui un armistice durant lequel il comptait bien ne pas désarmer, mais combattre en toute sûreté, et il protesta de son obéissance pleine et entière à ce que décideraient les évêques.

(1) *Mélanges curieux* du Père Labbe, p. 660.
(2) Échard, t. Ier, p. 148; Moreri, etc., etc.
(3) Dans les actes du concile, Guillaume et ses compagnons sont qualifiés de *probi viri*.

Quelques-uns ont accusé Guillaume de fourberie ; nous croyons avoir suffisamment montré que ce sentiment n'entrait pas dans son âme. Il est plus équitable et il semble plus naturel de supposer que, trouvant la première assemblée favorable à sa cause, il comptait que la seconde ne la condamnerait pas davantage. Puis, persuadé comme il l'était de la légtiimité de ses revendications, il espérait toujours les faire triompher.

Pour les Dominicains, la question était tout autre. Ils mettaient en avant, et ils avaient le droit de le faire, qu'agir ainsi c'était désobéir au Pape, qui avait jugé la question, et c'était ensuite remettre l'avenir de l'Ordre entier entre les mains de juges qu'ils soupçonnaient de partialité pour leurs ennemis.

Humbert de Romans refusa donc la proposition des prélats, alléguant que la décision du concile ne pouvant avoir d'effet en dehors des deux provinces auxquelles appartenaient les prélats qui le composaient ; que son Ordre, répandu dans le monde entier, échapperait toujours, pour la plus grande partie, à la sentence quelle qu'elle fût, favorable ou contraire.

Ce refus mettait fin au concile. Avant de le laisser se disperser, Guillaume supplia les évêques de veiller aux grands dangers qu'allaient causer à l'Église les « pseudo-prédicateurs, les gyrovagues », et de vouloir bien y porter remède ; puis il demanda qu'un acte fût dressé de ce qui s'était passé dans toute la durée des séances, ce qui lui fut accordé le 31 juillet (1).

Le pieux Louis IX attendait davantage de cette réunion d'évêques; trompé dans son espoir, ne sachant plus au juste quelle conduite tenir, offusqué dans sa piété par les accusations violentes de Guillaume de Saint-Amour contre des gens qu'il estimait et aimait beaucoup, il prit le parti de s'en remettre complètement au Pape et lui envoya deux de ses aumôniers, Pierre et Jean, pour le prier de mettre un terme à cette fâcheuse division. Ce furent ces mêmes députés qui apportèrent à la cour pontificale, soit de la part du roi, soit de celle des Jacobins, le livre *Des*

(1) Du Boulay, p. 309 ; Saint-Amour, *préface*, p. 106 ; Cantimpré, note de la page 162. Le 4 du mois d'août, l'Université demanda une attestation de l'acte du 31 juillet : elle lui fut délivrée par Raoul, évêque de Thérouanne.

Périls des Derniers Temps que les Dominicains venaient du reste de dénoncer au Souverain Pontife à qui ils avaient déjà dépêché quelques-uns des leurs.

L'Université alors jugea prudent d'envoyer aussi quelques docteurs pour la défendre à la cour du Pape; elle savait que les absents ont toujours tort. Son choix naturellement tomba sur ceux de ses membres qui avaient apporté jusqu'alors à sa défense le plus de zèle; nous avons nommé les quatre docteurs que le Pape regardait comme les auteurs de tout le trouble : « C'étaient, dit Matthieu Pâris, des lecteurs et des docteurs de grand renom, Maître Guillaume de Saint-Amour et Maître Eudes de Douai, qui s'étaient fait remarquer dans l'enseignement des Décrets et qui maintenant occupaient des chaires de Théologie; c'étaient encore Maître Chrétien, chanoine de Beauvais, philosophe émérite d'une grande distinction, qui, après avoir enseigné les Arts, inaugurait ses leçons dans la science sacrée, et Maître Nicolas de Bar-sur-Aube, qui se disposait, lui aussi, à occuper une chaire de Théologie, après avoir passé par celle des Arts et celle du Droit. Enfin, deux autres députés leur étaient associés : c'étaient Maître Jean de Gecteville, de la nation anglaise et Recteur de l'Université, et Maître Jean Belin, Français, tous deux remarquables comme philosophes et revêtus du grade de Maître ès Arts ».

Pour subvenir aux frais de cette ambassade, on fit une quête dans l'Université, et les députés se mirent en route vers la fin du mois d'août (1) portant avec eux, du moins à ce qu'ils croyaient, la fortune du clergé, et avec l'ordre peu embarrassant « d'obéir au Pape autant que le permettraient Dieu et la justice (2) ».

(1) Nous avons vu que Guillaume avait encore prêché à Paris le 13 du mois d'août et nous le trouverons à Anagni, où était alors la cour pontificale, avant le 18 octobre. D'autre part, les Universitaires ne font pas mention, avant ce départ, de la lettre écrite dans les premiers jours de septembre au Pape et aux Cardinaux par tous les chapitres des églises et cathédrales de la province de Reims, pour les prier de rétablir la paix dans l'Université et de remettre dans leurs dignités et honneurs les quatre docteurs de l'Université, qu'ils qualifient de « personnes fermes dans la foi ». Il faut donc que Guillaume ait quitté Paris après le 13 août, mais avant le commencement du mois suivant. Voir Matth. Pâris, p. 939, B C; Du Boulay, p. 309.

(2) Du Boulay, p. 310.

IX. — LE LIVRE ET L'AUTEUR SONT CONDAMNÉS.

La première chose que Guillaume de Saint-Amour dut apprendre en arrivant à Anagni, où se trouvait alors le Pape, ce fut la condamnation de son livre, *Des Périls des Derniers Temps* (1).

Alexandre IV, en effet, aussitôt qu'il l'avait eu des envoyés du roi de France, avait réuni pour l'examiner une commission composée des cardinaux Hugues de Saint-Cher (du titre de Sainte-Sabine, Dominicain), Jean Francioga (du titre de Saint-Laurent), Jean des Ursins (du titre de Saint-Nicolas, protecteur des Cordeliers), et de l'évêque de Tusculum, Eudes de Châteauroux. Les membres de ce tribunal étaient assez favorables aux Mendiants, que le livre attaquait avec tant de véhémence ; pour éclairer davantage la religion des juges, le Pape voulut que les deux Ordres incriminés fissent venir à Rome les plus célèbres de leurs théologiens.

Les Franciscains avaient déjà à la cour leur général Bonaventure de Fidenza, huitième successeur de François d'Assise et théologien de grand renom (2), qui composa, pour réfuter Guillaume de Saint-Amour, un traité très solide, bien qu'un peu mystique : *De Paupertate Christi*. Ils appelèrent auprès de lui Frère Bertrand d'Aquitaine qui avait été autrefois célèbre dans l'Université de Paris, sous le nom de « Bigle de Bayonne », et

(1) Nous avons vu que les députés de l'Université avaient dû quitter Paris sur la fin du mois d'août. Ils n'arriveront à Anagni que vers le milieu d'octobre. Les *Périls* ayant été condamnés le 5, tandis qu'ils étaient encore en route, furent brûlés, dit-on, en leur présence le 18 octobre (?).

(2) Saint Bonaventure, cardinal, évêque d'Albano, Docteur de l'Église ; de son vrai nom Jean de Fidenza. Docteur de l'Université de Paris à trente-trois ans, il succéda dans l'enseignement à son maître Jean de Rochette, qui avait lui-même succédé à Alexandre de Halès, le Docteur irréfragable. Bonaventure mourut au concile de Lyon, le 14 juillet 1274. A la 5e session de ce concile, Grégoire X fit son éloge en disant : *Cecidit columna christianitatis*. Plus tard, Sixte IV dira que le Saint-Esprit semblait parler par sa bouche. Ajoutons que le concile entier prit le deuil à sa mort. Dans son traité *De Paupertate Christi*, il démontre, d'après l'Écriture sainte et les œuvres de saint Jérôme, saint Ambroise, saint Augustin, saint Bernard, etc., que la « perfection » évangélique demande la pauvreté telle que la pratiquent les religieux Mendiants.

qui se distinguait surtout par une facilité prodigieuse à résoudre sur-le-champ toutes les objections de son adversaire. Un jour qu'il disputait avec Guillaume devant la cour romaine, celui-ci, qui n'avait point reconnu sous le froc de Mendiant son ancien collègue de l'Université, étonné de la force et de la facilité de ses réponses, s'écrie : « Vous êtes un ange descendu du ciel, ou un démon sorti de l'enfer, ou le Bigle de Bayonne! — Ni un ange, ni un démon, répondit Bertrand, mais bien le Bigle de Bayonne! » Outre leur général Humbert de Romans, les Dominicains avaient auprès d'Alexandre IV, pour les défendre, le célèbre Albert le Teuton, ou Albert le Grand, comme on commençait déjà à l'appeler; le Pape l'avait fait venir depuis près d'un an et l'on raconte qu'en route, il acheta, pour ainsi dire au poids de l'or, le livre de Guillaume de Saint-Amour, le lut en entier dans une seule nuit et en retint de mémoire tous les principaux passages. Lorsqu'on l'interrogea dans l'assemblée des cardinaux, « il se leva et répondit aux reproches de ses adversaires, avec tant de finesse et d'à-propos, tant d'expérience des affaires et tant d'éloquence, que tous en furent frappés d'admiration, louèrent Dieu d'avoir envoyé un tel héros pour délivrer le camp d'Israël de la dévastation des Philistins » (1).

Mais le plus célèbre des défenseurs de la vie religieuse, celui qui devait, selon l'expression d'un contemporain, « porter le coup de mort à l'iniquité jusque-là triomphante », c'était Thomas d'Aquin. Guillaume de Tocco, un des premiers historiens du saint Docteur, nous a laissé un récit assez circonstancié et que

(1) G. de Tocco, dans les Bollandistes, p. 664, n° 20. Jacques de Sœst (dans Prussia, p. 233). — Albert le Grand était né vers 1200 à Levingen, en Allemagne; il était de l'illustre famille des seigneurs de Bollstadt, étudia successivement à Padoue et à Paris, reçut dans cette ville, en 1223, des mains du B. Jourdain de Saxe, l'habit de Frère Prêcheur. Devenu docteur de l'Université, il enseigna la théologie, fut envoyé ensuite à Cologne. Nommé malgré lui évêque de Ratisbonne, il résigna cette charge après quelques années d'exercice et mourut simple religieux, à Cologne. Il fut béatifié par Clément X. Telle est, en quelques mots, la vie de cet homme, qu'on a surnommé la merveille de son siècle et appelé le Grand. Il était plus vaste en ses connaissances, mais moins profond en théologie que son disciple préféré Thomas d'Aquin. — Voir Joachim Sighart, *Vie d'Albert le Grand*, Échard, t. Ier, p. 162; Freher, t. Ier, p. 381 E; Cantimpré, livre Ier, ch. xx, art. 10, p. 83; et épître II, art. 11, p. 477; puis aussi Henri de Gand, Trithemius, Sixte de Sienne, etc., etc.

nous suivrons, de l'intervention de Thomas dans cette affaire.

Humbert de Romans ayant mandé le Frère Thomas d'Aquin, réunit toute la communauté quand il fut arrivé et lui tint, devant tous, à peu près ce discours : « Notre saint Ordre est attaqué par de puissants ennemis; nous nous confions à votre zèle et à vos lumières pour le défendre. Prenez donc ce livre fatal qui a excité ou augmenté contre nous la puissance de l'orage et voyez ce qu'il convient d'y répondre, non pour continuer, mais pour faire cesser cette division scandaleuse. »

Thomas prit donc le livre, et tandis que ses Frères se mettaient en prières, lui, s'enferma dans sa cellule et commença la lecture des *Périls des Derniers Temps*. Au fur et à mesure qu'il lisait, le plan de la réfutation se composait de lui-même dans son esprit, et le Chapitre ayant été de nouveau réuni le lendemain, le docteur prit la parole et dit : « Frères, ayez confiance en Dieu qui vous a appelés à suivre sa loi; j'ai lu le livre de notre perfide adversaire, et je l'ai trouvé sans aucun véritable fondement sur la foi et par les témoignages des Saints sur lesquels il prétend s'appuyer. Je répondrai donc par un livre où j'établirai la vérité, avec le secours de l'Esprit-Saint qui démasque les faussetés et donne l'intelligence des choses cachées. » Quelques jours après il paraissait devant la cour pontificale et, dans un long discours, il réduisit à néant les objections de Guillaume de Saint-Amour. C'est ce qu'il publia plus tard à son retour à Paris, sous le titre de *Contra impugnantes religionem*, et dont nous devons au lecteur une rapide analyse, puisqu'elle a été la pièce importante du procès et la réfutation des opinions que nous avons exposées comme émises par les docteurs séculiers (1).

Guillaume, on s'en souvient peut-être, avait commencé son ouvrage par un texte de saint Paul. Thomas d'Aquin va chercher son inspiration dans les Psaumes : « O Dieu, ne reste pas dans le silence! ne te tais pas et ne te repose pas, ô Dieu! Car voici tes ennemis qui s'agitent, ceux qui te haïssent lèvent la tête; ils forment contre ton peuple des projets pleins de ruse, et ils déli-

(1) On trouvera du reste ce traité en entier dans les Œuvres de saint Thomas, *inter Opuscula*, n° 19.

bèrent contre ceux que tu protèges. Venez, disent-ils, exterminons-les du milieu des nations. Et qu'on ne se souvienne plus du nom d'Israël (1)! » Il fait l'application de ces paroles du Roi-Prophète aux disputes du temps présent et aux ennemis qu'il va réfuter, puis il indique la division de son traité en trois parties. Dans la première, il expliquera en peu de mots l'origine, l'essence et la perfection de la vie religieuse, ainsi que les différentes fins pour lesquelles l'Église peut établir ou approuver un nouvel Ordre religieux. Dans la seconde, il réfutera Guillaume de Saint-Amour; et, dans la troisième, il répondra à quelques reproches moins graves faits aux religieux par leurs adversaires.

La seconde partie ayant seule trait au procès qui nous occupe, nous laisserons de côté les deux autres, pour résumer celle-ci aussi brièvement, mais aussi complètement que possible. Thomas d'Aquin réduit à six objections principales les objections du docteur de Saint-Amour et leur répond victorieusement : nous allons les parcourir une à une.

1° Est-il permis à des religieux d'enseigner? Oui, car la vie religieuse, loin de rendre, comme le prétendent les Universitaires, les religieux incapables d'enseigner l'Évangile, les en rend plus capables, puisque, non contents d'en garder les commandements, ils en suivent encore les conseils. Puis, détachés par leur vocation elle-même de toutes les préoccupations du monde, ils peuvent avec plus de liberté s'appliquer à l'étude. Mais le Christ, leur dit-on, a conseillé à ses disciples de n'appeler personne « Maître », car ils n'ont qu'un maître qui est au ciel; or, eux qui font profession de suivre tous les conseils évangéliques, pourquoi se font-ils appeler maîtres et veulent-ils en avoir le titre? Il est de bon sens, répond Thomas, que le Christ ne condamne pas matériellement le nom de maître, mais seulement ce qu'il désignait alors couramment, c'est-à-dire l'orgueil des Pharisiens, pour qui ce titre était un objet de vanité et de domination abusive.

2° Des religieux peuvent-ils entrer dans un corps de docteurs séculiers? — Oui, puisqu'ils peuvent être docteurs, c'est-à-dire

(1) Psaume LXXXII de la Vulgate (LXXXIII du texte hébreu).

enseigner publiquement; que cette fonction leur est commune avec les séculiers, et que l'union dans un corps enseignant est fondée, non pas sur ce qui en distingue les membres entre eux mais sur ce qui les unit, ici l'étude et l'enseignement. Quant à prétendre que les sociétés sont toujours libres d'accueillir tels membres qui lui plaisent, cela est faux, car ce droit appartient bien aux sociétés formées par quelques personnes privées pour un intérêt particulier, mais non pas à celles qui sont fondées par les supérieurs pour un intérêt général.

3° Les religieux peuvent-ils prêcher ou confesser sans avoir charge d'âmes? — Ici, le saint Docteur entre dans de grands détails. Ses adversaires, pour appuyer leur négation, invoquaient le quatrième concile de Latran qui, dans son vingt et unième canon, avait dit expressément « que tous les fidèles de l'un et l'autre sexe, parvenus à l'âge de discrétion, confesseraient tous leurs péchés, au moins une fois l'an à leur propre prêtre (c'est-à-dire aux *curés*, comme on le voit par le canon trente-deuxième, où ce titre de *propre prêtre* leur est donné), accompliraient la pénitence qui leur sera imposée et recevraient avec respect le sacrement de l'Eucharistie, au moins une fois, à Pâques, etc... » Le Concile ajoutait que si quelqu'un voulait se confesser à un prêtre étranger, il devait en obtenir la permission de son propre prêtre, sans quoi « il ne pourrait être ni lié, ni délié (1) ». Ce canon avait été et devait être encore dans la suite confirmé et expliqué par plusieurs conciles provinciaux (2). Mais les Mendiants avaient reçu de Grégoire IX, par la bulle d'Anagni, en date du 26 septembre 1227, le privilège de confesser *sans permission du Curé*. Ils en avaient usé et s'étaient abstenus, ce qui était logique, de demander la permission de l'évêque. Les séculiers avaient réclamé. Innocent IV avait confirmé les religieux dans leurs privilèges, par une bulle du 4 mai

(1) On sait que ce quatrième concile de Latran a été réuni en 1215 par Innocent III.

(2) Voir le 13e canon du concile de Toulouse en 1229, le 46e de celui de Béziers en 1246, le 4e de celui de Sens en 1269, les 19e, 20e et 21e de celui d'Arles en 1275 et le 5e de celui de Pont-Audemer en 1279, le 8e du synode de Cologne en 1280, les 7e et 9e du concile de Lambeth en 1281, le synode de Nîmes en 1284, le 5e du synode d'Exester en 1287, le 6e du concile de Rouen en 1299; le 108e du concile de Bayeux en 1300.

1244, adressée aux évêques d'Angleterre, où la question faisait alors plus de bruit. Néanmoins les Prélats, continuant à s'appuyer sur le canon déjà cité du concile de Latran, avaient rejeté encore ce privilège et, en 1250, l'Université de Paris, consultée, avait répondu qu'il n'était pas permis de se confesser au Pape ou à l'évêque sans permission du *propre curé* et pas davantage à ceux que le Pape ou l'évêque commettaient pour les représenter, prétention un peu forte, il faut l'avouer! Nous avons vu qu'Innocent IV, ému de ces récriminations continuelles, avait accédé aux désirs des séculiers par sa bulle de Naples, en date du 21 novembre 1254, bulle qu'Alexandre IV s'était empressé de révoquer le 22 décembre suivant (1). Saint Thomas, du reste, établit péremptoirement le droit supérieur du Pape et des évêques et le confirme en prouvant que le bien général de l'Église, la consolation des peuples, le salut des âmes demandent qu'il y ait des religieux établis pour aider les pasteurs dans la prédication et l'administration des sacrements. De la délégation donnée aux religieux, pourrait-on ajouter, découlait *la qualité de propre*

(1) Alexandre IV fit encore sienne la doctrine de Thomas d'Aquin dans sa bulle du 21 octobre 1256, confirmée par celle du 2 octobre 1257 contre Guillaume de Saint-Amour et ses partisans. Clément IV condamne à son tour leur théorie dans une bulle du 20 juin 1265. Mais, la lutte ayant continué, les décisions les plus étranges se succédèrent. Le concile de Clermont, en 1263, et celui de Salzbourg, en 1274, décidèrent que le propre prêtre était le curé de la paroisse, que lui seul avait le pouvoir de confesser, et déclarèrent nuls les privilèges des Mendiants. Martin IV accorda les deux parties en déclarant, le 18 janvier 1282, que les religieux pourraient confesser, mais que les paroissiens étaient tenus de s'adresser une fois l'an à leur propre curé, suivant le concile de Latran, ce qu'approuva le concile de Bourges en 1286. Mais survint une autre difficulté : les adversaires des religieux soutenant que le pénitent devait de nouveau accuser tous ses péchés à son curé, les religieux soutenant le contraire et déclarant leurs absolutions valides. Nicolas IV ne voulut rien décider. Boniface VIII, dans sa décrétale *Super cathedram*, règle que les supérieurs des maisons religieuses demanderaient la permission de confesser pour leurs religieux, mais passeraient outre, si on la leur refusait. Quant aux péchés, leur accusation était toujours valide. Benoît XI, dans sa décrétale *Inter cunctos*, réserva l'excommunication aux curés et enleva aux religieux le pouvoir d'en absoudre. Il *conseille* aussi aux fidèles de se confesser, une fois par an à leurs propres curés. Clément IV, au concile de Vienne, par la Clémentine *Dudum*, rétablit l'usage porté dans la décrétale *Super cathedram* de Boniface VIII. De nos jours les religieux jouissent des plus larges privilèges. Tout ceci montre, à la lumière du bon sens, du besoin des âmes et de l'histoire accomplie qu'Alexandre IV avait eu cent fois raison, et que la résistance des séculiers était en contradiction déplorable avec la marche des temps.

prêtre et, par conséquent, le pouvoir « de lier et de délier ».

4° Guillaume de Saint-Amour, en outre, prétendait que les religieux, quelles que fussent leurs autres occupations, étaient toujours en état de péché, s'ils ne se livraient à des travaux manuels pour gagner leur vie. — Guillaume confondait la vie monocale et la vie érémitique. Saint Thomas le réfute en s'appuyant sur les Pères, la tradition et la raison. Chacun, dit-il, doit *s'occuper selon son état*, sa condition et sa profession. Le travail est une loi pour tous, mais pour ceux qui, par vocation, sont appelés à travailler au salut des âmes, ils doivent délaisser le travail *manuel*. Il y a deux erreurs opposées à cette opinion : 1° l'erreur de certains moines anciens qui prétendaient que le travail est *contraire* à l'abandon complet à la Providence et qui ont été réfutés par saint Augustin (Traité du Travail des Moines), 2° l'erreur de ceux qui ne reconnaissent d'autre travail *que celui des mains* et veulent l'imposer à tous. Or, cela est faux, le docteur dominicain le prouve surabondamment, d'après l'Écriture même. Les œuvres de piété et de miséricorde, fait-il remarquer, doivent être préférées au travail manuel, car, comme parle l'Apôtre, les exercices corporels servent aux choses inférieures, mais la piété « est utile à tout », et « c'est à elle qu'ont été promis les biens de la vie présente et ceux de la vie future (1) ». Or, ceux qui sont chargés de prêcher le parole de Dieu doivent, pour le faire, interrompre leurs exercices de piété, tout le monde en conviendra ; à plus forte raison doivent-ils aussi interrompre leurs travaux manuels et y préférer la prédication. Il faut aussi remarquer que le travail manuel est ou un conseil évangélique ou un précepte. Si s'est un simple conseil, les religieux n'y sont tenus qu'autant que leur règle le leur prescrit, et ce n'est pas le cas ; si c'est un précepte, les séculiers y sont tenus comme les réguliers, car au temps de saint Paul on ne distinguait ni séculiers ni réguliers (2). On ne peut non plus arguer de l'exemple des Apôtres : ils prêchaient, dit saint Thomas, d'inspiration et sans préparation aucune, ils pouvaient donc se livrer à des travaux que les religieux ne peuvent entreprendre, eux qui

(1) Ire Épître à Timothée, ch. IV, v. 8.
(2) Épître aux Thessaloniciens, ch. III, v. 10.

sont contraints à étudier leurs sermons avant de les donner au public. Et lorsque saint Paul lui-même était obligé de parler tout le jour, sans avoir le temps de demander à l'ouvrage de ses mains le nécessaire de la vie, il mendiait son pain, comme il le dit lui-même : *Dominus ordinavit his qui Evangelium annuntiant, de Evangelio vivere* (1).

5° Est-il permis aux religieux de se défaire de tous leurs biens, sans en réserver rien ni pour eux en particulier, ni pour leur communauté, et faire autrement, n'est-ce pas tenter Dieu? — Non, répond Thomas d'Aquin, et le soutenir serait aller contre l'exemple du Christ et de ses disciples, ce serait renouveler l'erreur de Jovinien et de Vigilance, les détracteurs systématiques de la pauvreté monastique. Puis, il faut distinguer entre la pauvreté, fruit de la paresse, et la pauvreté volontaire embrassée uniquement par amour du Christ : les pauvres, qui de leur seul gré, vivent d'aumônes alors qu'ils pourraient travailler, ceux-là sont coupables et justement condamnés, car alors il est bien vrai de dire que la pauvreté engendre la flatterie et tous les vices. Quant à ceux qui se font pauvres pour vivre comme Jésus et par amour pour lui, ils sont dignes de tous les respects, car ils *travaillent* sans accepter d'autre salaire que ce qui leur est strictement nécessaire, et ce nécessaire leur est dû par l'ensemble de ceux qui usent d'eux, car, comme dit toujours le même Apôtre : « Si nous avons semé parmi vous les biens spirituels, est-ce une grande chose que nous recueillions un peu de vos biens temporels (2)? »

6° Saint Thomas prouve que le travail spirituel est plus saint et d'une utilité plus relevée que le travail manuel.

Dans la troisième et dernière partie de son traité, le Dominicain répond aux reproches qu'on faisait aux religieux touchant la pauvreté de leurs habits, les voyages auxquels les obligent leurs prédications, etc., etc., reproches dont on sent suffisamment aujourd'hui le peu d'importance. Puis il conclut ainsi : « Nous venons de démontrer l'injustice et la fausseté de tout ce qu'on nous

(1) Ire aux Corinthiens, ch. IX, v. 14.
(2) Ire aux Corinthiens, ch. IX, v. 11.

imputait et de prouver qu'ils n'ont point de condamnation à craindre ceux qui sont assez heureux pour être avec le Christ; ceux qui n'écoutent point les conseils de la chair, ni les désirs des passions, et qui, embrassant avec joie la croix de leur Sauveur, mettent tous leurs efforts à vivre selon leur sainte profession, à mépriser le monde et à pratiquer la vertu. *Peut-être pourrions-nous faire retomber sur ceux qui nous attaquent les mêmes coups qu'ils veulent nous porter?* Mais il convient de les laisser au juste jugement de Dieu, car leur méchanceté se montre assez dans tout ce qu'elle leur a fait dire contre l'innocence et la vérité ».

Ce long et au reste magnifique plaidoyer convainquit complètement les juges ecclésiastiques qui, d'un commun accord, déclarèrent condamnables le livre *Des Périls des Derniers Temps* et son auteur. Le Souverain Pontife, pressé de se prononcer à son tour et dont le monde catholique entier attendait avec impatience la décision sans appel, réprouva solennellement l'ouvrage « comme pouvant causer de grands scandales, comme fort dangereux aux âmes, comme détournant les fidèles de faire des aumônes aux religieux et d'entrer en religion, comme impie, abominable, enseignant une doctrine fausse corrompue, exécrable, etc...; interdiction à toute personne de le conserver, de l'approuver, de le défendre, de quelque façon que ce soit, sous peine d'encourir l'excommunication et d'être tenu par tout le monde pour un rebelle à l'Église Romaine (1). »

Et, comme conséquence de cette sentence solennelle, le livre condamné fut livré au feu dans la cathédrale d'Anagni le 4 octobre 1256, en présence de toute la cour pontificale et d'une foule immense de peuple accourue à ce spectacle.

Alexandre envoya sa bulle à Louis IX, lui recommandant en même temps d'étendre toujours sa puissante protection sur les fils de Dominique et de François, les préférés de sa piété et de son cœur.

Les archevêques de Tours et de Rouen, puis l'évêque de Paris reçurent quatre jours après la Constitution *Veri solis radius*,

(1) Tillemont. Voir aussi Du Boulay, p. 311, 312; Fecher, t. Ier p. 381; *Bulles*, p. 68-75; Touron, p. 140; Bzovius, etc.

avec ordre de la publier, à Paris et partout où leur sagesse le jugerait opportun. Ils étaient en même temps chargés de procéder juridiquement contre les évêques ou les prêtres des autres provinces ecclésiastiques qui avaient professé ou professaient encore les erreurs de Guillaume de Saint-Amour. S'il arrivait même qu'ils eussent l'audace de les défendre publiquement, les prélats devaient faire procéder juridiquement contre eux et les priver pour toujours de leurs charges, dignités et bénéfices. Quant aux laïques, s'il s'en trouvait qui prissent encore le parti du docteur de Saint-Amour, on les livrerait à la justice séculière (1).

On pouvait croire l'affaire terminée, quand, tout à coup, on apprit que les envoyés de l'Université et parmi eux Guillaume approchaient d'Anagni et seraient sous peu de jours à la cour pontificale, où ils défendraient les actes de toute la corporation enseignante.

Il y a bien quelque chose de mémorable et d'instructif pour notre temps dans cette lutte, que trois grands hommes placés aux sommets intellectuels de la société, Alexandre IV, Thomas d'Aquin et Bonaventure, soutiennent contre l'esprit fermé et les résistances égoïstes de deux immenses corps constitués, qui prétendaient faire de leur charge un obstacle au développement des libertés nécessaires et à l'élargissement progressif des institutions sociales. Cet exemple est bon à retenir et puisse-t-il être imité. Les historiens n'ont guère, jusqu'ici, envisagé ce débat si vigoureusement mené, que comme une querelle de métier ou comme une dispute religieuse, ils l'ont singulièrement spécialisé et rétréci. Mais la Science sociale, en mettant à jour l'organisme vital des peuples, nous montre la portée et la hau-

(1) Cette mesure était prise surtout contre les évêques et abbés de Bourgogne, Picardie, Bretagne et Normandie, dont plusieurs avaient, en chaire, critiqué ou même accusé, mais sans les nommer, les Dominicains et les Franciscains, à cause de leur pauvreté et de leur règle qui les contraignait à vivre d'aumônes. Le 27 février de l'année suivante, après la condamnation définitive de Guillaume de Saint-Amour et sa retraite en Franche-Comté, le Souverain Pontife envoya sa bulle aux évêques de toute l'Église catholique, avec ordre de la publier.

teur du rôle que les trois grands hommes ont joué jusque dans l'ordre naturel de la société lui-même, et elle en relève d'autant leur renom. Il faut savoir gré à cette science de nous faire des choses anciennes un spectacle nouveau, et d'agrandir, comme toutes les sciences, l'horizon trop court de notre vue.

X. — OBSTINATION DE GUILLAUME ET SOUMISSION PÉNIBLE DE L'UNIVERSITÉ.

Quand Guillaume de Saint-Amour, Odon de Douay, Chrestien de Beauvais et Nicolas de Bar-sur-Aube, arrivèrent à Anagni, vers le milieu du mois d'octobre, la première chose qu'ils apprirent, ce fut leur condamnation. En vain essayèrent-ils de la faire lever, et entamèrent-ils à ce sujet de longues discussions avec les cardinaux-juges, avec Humbert, général des Dominicains, avec Bonaventure de Fidenza, qui était venu pour défendre ses frères de l'Ordre de Saint-François.

Voyant que leurs efforts étaient inutiles et que leur doctrine était définitivement réprouvée, les députés de l'Université voulurent au moins justifier la conduite qu'ils avaient tenue et expliquer la résistance qu'ils avaient opposée aux volontés formelles et réitérées du Souverain Pontife ; ils produisirent, pensant avoir là un argument sans réplique, l'acte du 31 juillet, qu'ils avaient apporté avec eux : c'était cet accord passé entre l'Université, les Prélats et les Religieux qui avait le double inconvénient de n'être pas un arrangement aussi naturel et aussi intelligent du fond des choses que la décision d'Alexandre IV, et de ne pas tenir compte de l'appréciation de celui qui était le chef commun et irrécusable des trois corps en conflit.

Puis, sentant que cette polémique dépourvue de sanction était vaine et restait d'ailleurs sans succès, trois d'entre eux, Odon, Chrestien et Nicolas, résolurent de se soumettre. Le 23 de ce même mois d'octobre, ils prêtèrent publiquement, en présence de toute la cour romaine, le serment d'obéir au pontife romain, d'observer la bulle *Quasi lignum vitæ,* de recevoir dans le corps de l'Université les Religieux Mendiants, et parmi eux Thomas d'Aquin et Bonaventure, de ne jamais s'employer à faire que l'Université de Paris fût dissoute ou transportée ailleurs, ni de permettre à aucun de leurs subordonnés de s'y employer; de se rétracter publiquement à Paris et dans tous les autres lieux où ils avaient prêché la doctrine condamnée; de publier partout la condamnation du livre *Des Périls des Derniers Temps;* de déclarer en chaire que le Pape peut envoyer partout des prédicateurs et des confesseurs sans le consentement des prélats inférieurs ou des curés, que les évêques ont le même pouvoir dans leurs diocèses, que les Religieux qui se sont faits pauvres pour Jésus-Christ ne sont point obligés de travailler *des mains* pour avoir de quoi vivre, que les Jacobins et les Cordeliers ont été approuvés de Dieu par les faits concluants à raison desquels l'Église a légitimement inscrit plusieurs de leurs membres au catalogue des Saints (1). On dressa de tout cela un acte en forme, dont on leur donna copie. Ils quittèrent presque aussitôt la cour pontificale. laissant Guillaume soutenir seul le poids des accusations et des condamnations du Saint-Siège. Pour eux, ils rentrèrent à Paris, reprirent possession de leurs chaires, ainsi que de toutes leurs autres charges ou bénéfices, et vécurent en si bonne intelligence avec les Mendiants que l'un d'eux, Chrestien de Beauvais, étant mort peu après, voulut être enterré chez les Dominicains et qu'un autre, Laurent d'Angleterre, réclama plus tard la même faveur et la paya de toute sa riche bibliothèque (2).

Mais pendant ce temps que faisait Guillaume?

Fortiter in Curia stetit: et in pluribus a Dominicanis accusatus, de sua innocentia et doctrina coram quatuor cardinalibus compe-

(1) Du Boulay, p. 315, 316.

(2) Cantimpré raconte que Chrestien de Beauvais, atteint de la maladie qui le devait emporter, déclara que c'était la jalousie qui l'avait jeté dans le parti de G. de Saint-Amour, et s'adressant aux Frères Prêcheurs qu'il avait fait venir auprès de lui, il leur dit : « Je n'ai rien à vous laisser en réparation des injures dont je me suis rendu coupable; mais, en signe de repentir, je vous laisse mon corps auquel vous donnerez la sépulture. » Laurent d'Angleterre voulut aussi être inhumé dans le cloître Saint-Jacques, « et Dieu permit, ajoute le chroniqueur, qu'il en advint ainsi d'un grand nombre de ceux qui avaient persécuté les Frères. »

tenter satisfecit (1) ». C'est aller un peu loin dans l'affirmation; le simple exposé des faits suffira à rétablir la vérité. Nous avons encore, du reste, les réponses qu'il fit aux objections de ses adversaires; c'est la continuation de son système d'attaque : fausse interprétation des textes; désaveu habile de ce qu'il a dit d'abord et ne peut plus raisonnablement soutenir. Comme on lui reprochait de nombreuses erreurs dans son livre *Des Périls des Derniers Temps*, voici de quelle façon il répondit : « Cet ouvrage n'a pas toujours conservé la même forme. Il en a même changé cinq fois successivement, selon qu'on jugeait bon de corriger, d'ajouter, de retrancher, ou de préciser les différents sens. Je crois que l'exemplaire qu'on m'en a montré, est de la troisième compilation, et je ne sais pas s'il s'y est glissé quelque chose de défectueux, pour le tour ou pour la forme, d'où le Pape aurait pris lieu de le condamner; l'on m'assure qu'il ne veut en rien toucher aux témoignages de l'Écriture sainte; dans ce cas, bien loin de contredire son jugement, je m'y attache en toute obéissance. Mais, s'il avait vu la quatrième ou cinquième compilation de ces témoignages, il n'y eût certainement rien trouvé qui fût capable d'offenser une âme chrétienne et qui par conséquent fût digne de censure; mais l'ouvrage lui aurait été plutôt un sujet d'approbation. Car il est remarquable que, dans ces diverses compilations, on a fait généralement profession de les soumettre toutes à la correction de l'Église, c'est-à-dire du Pape et des Prélats à qui appartient cette autorité (2). »

Comment fut accueillie cette défense, nous ne le savons pas au juste, mais elle semble avoir eu sur les esprits un certain effet, au dire même de Cantimpré, qui raconte de Guillaume que : *Miro modo clerum Romanum, necnon et populum in partem suæ*

(1) « Il se tint intrépidement en cour de Rome et, accusé sur plusieurs chefs par les Dominicains, il rendit dûment raison de sa conduite et de sa doctrine. » (*Historia Normannorum*, p. 1009 C.)

(2) *Opera Guillelmi de Sancto-Amore ; Responsiones ad objectiones Dominicanorum.* Un peu plus loin, dans les mêmes *Réponses*, Guillaume dit que, du temps de saint Hilaire, le Pape était hérétique, et que ce Pape était Anastase II. Or Anastase II vivait bien cent cinquante ans après saint Hilaire. On voit le peu de connaissance de l'histoire qu'avaient les plus savants hommes de cette époque.

perversitatis inclinaverat et seduxerat multis verbis (1). Aussi Alexandre IV se hâta-t-il de lui imposer silence et d'exiger de lui le serment d'obéir à ses ordres. Guillaume demeura ainsi à Rome sans que d'autres dispositions paraissent avoir été prises à son égard ; mais étant tombé malade, et très affaibli par le climat et les chaleurs de l'été, on lui laissa reprendre le chemin de la France.

Comme il revenait, il reçut en route le bref suivant que nous donnons en entier :

« Alexandre, évêque, serviteur des serviteurs de Dieu, à Guillaume de Saint-Amour pour le ramener dans la bonne voie.

« A cause des fautes graves et nombreuses que vous avez commises, et spécialement à cause de l'ouvrage pernicieux et détestable que vous avez composé, et que nous avons déjà censuré et condamné de l'avis de nos frères, vous avez mérité un châtiment sévère. Au nom de l'obéissance que vous nous devez, d'après le serment que vous avez prêté de vous conformer exactement à nos ordres sous peine d'excommunication et de privation de vos bénéfices (peines que nous voulons que vous encourriez par le seul fait de tentative de désobéissance à nos ordres, et cela sans préjudice des autres ordres que nous pourrons vous donner), nous vous ordonnons et mandons de ne rentrer en France dans aucun temps *sans une permission expresse* de notre autorité apostolique ; et en outre, nous vous interdisons à toujours la faculté d'enseigner et de prêcher ; de telle sorte que vous ne vous permettrez d'enseigner en quelque lieu que ce soit, ni de prêcher, soit devant des clercs, soit devant le peuple, sans notre permission.

« Donné à Viterbe, le huitième jour des Ides d'Auguste, la troisième année de notre Pontificat (2). »

(1) « Il avait étonnamment incliné clergé et laïques à Rome dans le sens de sa mauvaise cause et les avait séduits par beaucoup de paroles. » (Du Boulay, p. 343.) On raconte aussi quelquefois qu'Albert le Grand trouva tout le monde ébranlé par la parole de Guillaume; mais qu'ayant, sur l'ordre du Pape, expliqué l'Évangile de saint Jean et les Épîtres canoniques, il le fit avec tant de génie qu'il parut fort au-dessus de cet homme que tout le monde admirait, ce qui décida la victoire finale des Mendiants.

(2) *Bulles*, p. 135-136.

Voici l'explication de cette décision. Deux jours après, le Pape écrivait à Louis IX, pour lui annoncer qu'il avait interdit à Guillaume l'entrée du royaume, *suivant que le roi le lui avait demandé :* « *Puisque Votre Altesse Royale nous a demandé*, ainsi qu'elle s'en souvient, d'interdire l'entrée de son royaume à ce même Guillaume, *ce que nous avons cru devoir faire pour les motifs exposés plus haut*, nous la prions et lui recommandons de ne permettre, sous aucun prétexte, que ledit Guillaume rentre dans vos États... »

Et le 23 de ce mois d'août, Alexandre IV fit savoir à l'évêque de Paris, que *ce n'était pas pour avoir défendu les prétentions de l'Université que Guillaume était condamné*, mais *à cause de son livre détestable*. Il ajoutait que si Guillaume refusait de se soumettre l'évêque devait le déclarer parjure et excommunié et faire pourvoir d'office à tous ses bénéfices et charges (1). Guillaume prit donc le chemin de l'exil et rapporta à sa petite ville natale, après quarante années d'absence, un nom désormais célèbre et un avenir brisé. Le comté de Bourgogne, de laquelle était cette petite ville de Saint-Amour, n'appartenait pas alors au royaume de France : il put donc s'y retirer en paix.

Au même temps, devant la foule des « Escholiers » assemblés, le livre *Des Périls des Derniers Temps* fut « ars par la main du bourreau ».

Et bientôt après, dans la grande salle de l'évêché de Paris, la même foule se retrouvait encore pour acclamer deux nouveaux docteurs : Thomas d'Aquin et Bonaventure de Fidenza, le Dominicain et le Franciscain, qui avaient enfin vaincu.

Rarement on a vu une cause être plus imperturbablement ramenée à ses termes justes et naturels par un chef suprême et se trouver plus digne de vaincre par elle-même et par ses représentants.

Mais, la victoire une fois assurée, nous allons voir mieux que jamais à quel point elle était nécessaire. La peur du nouveau et du large, malgré les caractères les plus incontestables de valeur qu'ils pussent revêtir, l'appréhension de la concurrence étaient tels dans ce milieu corporatif sorti du moyen âge à son

(1) Th. de Champré.

déclin, que nous allons assister au prolongement de ce spectacle, véritablement pénible, d'une multitude d'esprits, non sans mérite, qui ne savent que réclamer sans fin le passé, dans ses étroitesses, dans ses prétentions pédantesques, dans son égoïsme satisfait, dans son incapacité à envisager le progrès des choses.

C'est qu'il y a eu en France, au moyen âge, deux courants successifs bien opposés. Le premier est celui qui a créé cette époque absolument originale, si différente de l'antiquité qu'il a fallu lui donner un nom à part. Le second est celui qui a mis fin à cette époque et a ramené, avec l'âge dit moderne, les souvenirs et l'imitation de l'antiquité. Ce second courant était en pleine formation déjà au treizième siècle. Tandis que, dans la première période, on avait vu partout l'esprit d'indépendance se manifester par la conquête d'une liberté toute individuelle, par la rupture des liens d'homme à homme, rupture du Franc avec le Mérovingien, rupture du grand feudataire avec le Carlovingien, rupture du vassal avec le suzerain, rupture du serf avec le seigneur, on vit au contraire, dans la seconde période, des groupements restrictifs se faire d'homme à homme, des associations se nouer, se serrer et se fermer totalement. L'esprit d'initiative et d'élargissement a été étouffé dans ce réseau, dont tout l'effort était d'arrêter le mouvement chez les autres et de ne pas se dépasser même entre associés. De là nous sont venus, à travers de longs siècles, ces tendances routinières dont on commence enfin à voir le défaut, cette résistance instinctive et irraisonnée à tout ce qui ne s'est pas encore fait, cette crainte *à priori* de tout changement, cette appréhension de ce qui remue le passé, cette sorte de dédain froissé pour ce qui prétend donner du large aux institutions et ouvrir des voies nouvelles. C'est bien là l'esprit dont nous allons brièvement saisir les manifestations continues, à la suite du coup par lequel était renversée la résistance arbitraire et erronée de l'Université à introduire parmi elle les nouveaux Religieux, au même titre que tous.

L'exil même de Guillaume n'avait pas mis fin à tout, et si quelques docteurs s'étaient soumis au Souverain Pontife avec un méritoire empressement, il en était d'autres sur lesquels Guillaume de Saint-Amour pouvait encore compter. Le Pape cependant ne négligea rien pour les abattre au plus tôt. Il y apporta la plus extraordinaire énergie, comme on va le voir.

Le 15 novembre 1256, il adressa à l'Université la bulle : *Parisinus peritia* (1), où après avoir comparé cette Corporation à une source féconde d'où toutes les sciences coulent et se répandent sur l'Univers, il se plaint de ceux qui y ont jeté le trouble et le désordre et pour que ce blâme ne tombe pas sur les Religieux, il se déclare hautement leur protecteur et ordonne au nom du bien général de l'Église, autant que pour la prospérité de l'Université, qu'on punisse sévèrement ceux qui ont prêché ou enseigné contre les Mendiants, ou qui prennent la défense du livre *Des Périls*.

Puis viennent, coup sur coup et sans relâche, toute une série d'autres bulles : du 7 janvier, pour ordonner au Chancelier de ne promouvoir à la Licence, ou à quelque faculté que ce fût, quiconque ne ferait pas serment d'obéir à la bulle du 14 avril 1255 ; — du 12 mai, pour contraindre l'Université à recevoir dans son sein tous les docteurs réguliers à quelque ordre religieux qu'ils appartiennent ; et de ne point alléguer pour désobéir l'acte du 1er mars 1256, ou la dissolution fictive de l'Université faite vers cette même époque ; — du 23 du même mois, pour convaincre tous les Prélats du royaume de France que ce ne sont point les Réguliers qui sont la cause des désordres de l'Université et les prier d'en instruire leurs peuples ; — du 14 juillet, pour obliger l'évêque de Paris, sous peine d'excommunication, à faire publier et exécuter ses ordres dans le délai d'un mois, et lui enjoindre de lui signaler les rebelles pour qu'ils puissent être punis par le roi après leur séparation publique de l'Église ; — du 30 juillet, pour prier Louis IX d'aider l'évêque de Paris à ramener à l'ordre les docteurs réfractaires et de chasser de France ceux qui sont obstinés, ou de les châtier de quelque autre façon (2).

Beaucoup de docteurs de l'Université quittèrent alors Paris et laissèrent, comme dit Matthieu Pàris, la ville presque déserte,

(1) *Bulles*, p. 95.

(2) *Bulles*, p. 105-151, 123-127 (certains auteurs prétendent que le Pape n'envoya pas moins de 40 bulles pour cette affaire.)

tant à cause de la moisson et des vendanges qui approchaient, que de la résistance que les Dominicains avaient encore à leur opposer. Néanmoins ceux-ci, pour adoucir les esprits, prièrent le Pape de lever les censures que plusieurs docteurs séculiers avaient encourues soit à cause d'eux, soit pour avoir conservé chez eux le livre *Des Périls;* ce que le Souverain Pontife accorda le 27 septembre, « à tous ceux qui se soumettraient ».

L'Université ou, pour mieux dire, ceux de ses membres qui restaient encore à Paris, cédèrent enfin ; Thomas et Bonaventure purent inaugurer leur enseignement public (1), et le maître général des Dominicains envoya à tout son Ordre une circulaire où il rendait grâce à Dieu, au Souverain Pontife, à l'assemblée des Cardinaux, au Roi et à une innombrable quantité de fidèles du secours qu'ils leur avaient apporté dans cette grande tribulation.

Mais la paix ainsi rétablie ne dura pas longtemps. En 1259, nous ne savons à quel propos, on recommença à vexer les Domicains et à faire courir contre eux une foule de pamphlets et de couplets satiriques. On en trouve jusque dans le Roman de la Rose :

Être banni de ce royaume
A tort comme Maître Guillaume
De Saint-Amour qu'hypocrisie
Fit exiler par grande envie...

Puis plus loin :

Si celui de Saint-Amour ne ment
Qui avait coutume de disputer et d'enseigner
Et prêcher de cette matière,
Devant le clergé
Je ne donne pain ni vin
S'il n'avait en sa vérité
L'accord de l'Université
Et du peuple communément
Qui écoutait son prêchement...

(1) On raconte même que, dans leur profonde humilité, les deux docteurs disputèrent à qui refuserait l'honneur de parler le premier, et que, pour la première fois, l'impitoyable logique de Thomas d'Aquin eut le dessous.

Et Rutebœuf, dont nous connaissons déjà les sentiments, ne laissa pas passer sans en profiter une si belle occasion : le *Dit des Règles* en fait foi, et l'on sent, au ton dont il y parle en passant de Guillaume de Saint-Amour, toute l'amertume que cette condamnation avait laissée dans son cœur d'ami. Mais il fit plus que de poursuivre les Religieux des traits accidentels de sa satire, il consacra spécialement deux longues pièces à la louange et à la défense de Guillaume. La première est curieuse, parce qu'elle montre une fois de plus que toute l'argumentation des partisans de Guillaume consistait à s'appuyer sur le compromis fait entre l'Université, les Mendiants et les Prélats du royaume, et qu'ils affectaient de ne tenir aucun compte du refus qu'avait fait le Pape, chef suprême de ces trois corps, d'admettre le compromis. Il y a là le signe manifeste de cette tendance qui a abouti aux hérésies des seizième, dix-septième et dix-huitième siècles : méconnaître les fonctions les plus incontestables de la Papauté et faire de la Religion une organisation toute locale, c'est-à-dire abolir ces deux grandes choses, la sûreté de doctrine et la catholicité de l'Église.

Voici les principaux passages de cette pièce de Rutebœuf :

Oyez, prélats, princes et rois,
La déraison et l'injustice
Qu'on a fait à Maître Guillaume :
On l'a banni de ce royaume;
Nul si a tort ne fut jugé.
Qui exile un homme sans raison,
Je dis que Dieu, qui vit et qui règne,
Le doit exiler de son règne.
. . . .

Bien avez ouï la discorde
(Ne faut pas que je la rappelle)
Qui a duré si longuement,
Sept ans tout pleinement
Entre la gent de saint Dominique
Et ceux qui enseignent la Logique.
. . . .

Les Prélats surent cette guerre.
Alors ils commencèrent à requérir

L'Université et les Frères,
Qui sont nés de plus de quatre mères (1)
Qu'ils leur laissassent la paix faire.
Et guerre doit bien déplaire
A gens qui paix et foi prêchent,
Et qui doivent le bon exemple
Par parole et par actions,
Ainsi qu'à moi il me semble.
Ils s'accordèrent à la paix,
Sans plus faire de guerre jamais.
Ce fut juré à tenir
Et scellé pour souvenir.

Maître Guillaume au roi vint,
Là où il y avait des témoins, et plus de vingt!
Et dit : « Sire, nous sommes en mise
De faire la paix, par l'avis
Que les prélats voudront :
Je ne sais s'ils la rompront. »

Le roi jura : « En nom de moi,
Ils m'auront tous pour ennemi,
S'ils la brisent, et sachez sans faute
Que je n'ai souci de leur bataille. »

Alors Maître partit du palais
(Où il y avait assez de clercs et de laïcs!)
Sans que depuis il fit rien
Pour défaire la paix.

Cette dernière allégation ne manque pas de hardiesse, après toute l'agitation que nous avons vue soulevée par Guillaume de Saint-Amour, au moyen de ses prédications et de son livre sur les *Périls des Derniers Temps*, où il attaquait tout simplement le droit à l'existence des Ordres Mendiants et sollicitait de l'Église leur suppression.

Le poète termine en se posant, d'une façon qui ne peut émouvoir beaucoup, en martyr éventuel de la cause de Guillaume de Saint-Amour :

Quand Dieu se montrera cloué,
Le jour du dernier jugement,
Pour lui demander justice,
Et vous, sur ce que je raconte,

(1) Allusion sans doute aux quatre Ordres Mendiants.

Vous en aurez peur et honte!
Quant à moi, bien le puis-je dire,
Point ne redoute le supplice
De la mort, d'où qu'elle vienne,
Si elle me vient pour une telle affaire.

On a souvent attribué cette *complainte* à Guillaume de Saint-Amour lui-même, mais à tort assurément, et la critique littéraire a rendu à Rutebœuf ce qui lui appartient. Dans une seconde pièce, appelée *Dit de la sainte Église*, le poète représente l'Église se lamentant sur le sort de ses vrais amis; mais ce ne sont, cette fois, que gémissements sans argumentation intéressante.

On pourrait multiplier beaucoup ces citations, bien qu'un grand nombre des ouvrages de ce genre soient perdus. Nous ignorons même quel était celui que l'évêque de Paris, dans un monitoire publié au mois de janvier 1259, défendit particulièrement de retenir chez soi sous peine d'excommunication.

Dans tous les cas, Guillaume, on le voit, n'était point complètement oublié et ses vengeurs avaient des partisans. On raconte que, le dimanche des Rameaux (30 mars 1259), Thomas d'Aquin prêchant dans l'église Saint-Jacques, crut devoir prévenir ses auditeurs contre les écrivains satiriques qui ne ménageaient pas assez les Religieux; un bedeau de l'Université appartenant à la nation de Picardie, Guillot, se leva du milieu de l'auditoire, imposa silence au Dominicain, et lut un factum injurieux contre les Mendiants. La lecture faite, le frère Thomas d'Aquin reprit sa prédication et l'acheva sans dire un mot pour se justifier, lui ou son Ordre, ou pour se plaindre. Disons tout de suite que, par un bref (bref *Ex alto*), le Pape, informé de l'affaire, excommunia Guillot, le suspendit de ses fonctions, et le chassa pour toujours de Paris (26 juin 1259).

Les docteurs mêmes de l'Université se mirent bientôt de la partie. Nous le voyons d'abord par une lettre du Souverain Pontife à l'évêque de Paris (5 avril 1259), où il se plaint que quelques docteurs cherchent à créer des difficultés aux Dominicains parce que ceux-ci s'opposent au retour à Paris de Guillaume de Saint-Amour. Il ordonne à l'évêque d'assembler tous les docteurs et les écoliers pour leur défendre de continuer leurs agissements et les avertit qu'en conscience et, sous peine d'excommunication encourue *ipso facto*, ils ne peuvent entretenir des relations avec le docteur de Saint-Amour, ni désirer le retour d'un homme justement condamné et obstiné dans son refus d'obéissance au Saint-Siège (1). Les plus violents contre les Religieux étaient les membres des Facultés des Arts, du Droit et de la Médecine. Guillaume de Saint-Amour appartenant à celle de Théologie, ils prétendaient que c'était à celle-ci seulement que s'adressaient les ordres du Souverain Pontife. Le bref *Ex alto*, dont nous avons parlé un peu plus haut, avait fait justice de cette prétention et leur avait enjoint de recevoir tous, aussi bien les Décrétistes que les Artistes et les Médecins, les religieux de quelque Ordre qu'ils fussent, et cela dans quinze jours, sous peine d'excommunication dont ils ne pourraient être relevés qu'en se présentant en personne au Saint-Siège.

Ces docteurs allaient en effet très loin dans leur résistance. Ils s'étaient engagés par serment à unir leurs efforts pour obtenir la levée des sentences d'exil ou de toutes autres peines prononcées contre ceux qui avaient pris leurs intérêts et surtout pour faire consentir le roi au retour de Guillaume de Saint-Amour. Ils s'étaient même, au commencement de cette année 1259, adressés au Pape pour obtenir la grâce de Guillaume (2).

Alexandre leur répondit, le 5 avril, en leur défendant, sous les peines les plus sévères, de rien faire de plus pour rappeler Guillaume auprès d'eux, attendu que celui-ci ne mérite pas de pardon *puisqu'il demeure endurci dans son obstination* (3); il menace aussi tous ceux qui inquiéteraient encore les Religieux. Le 17 juin suivant, il ordonna au Chancelier de Sainte-Geneviève de ne jamais promouvoir, à quelque licence que ce fût, un candidat qui ne jurerait pas de ne troubler à l'avenir ni directement ni indirectement la paix dont ont besoin l'Université et les Ordres religieux (4).

(1) Bulle *Multorum relat.*, au Bullaire, p. 146.
(2) Du Boulay, p. 354.
(3) *Bulles*, p. 149-150.
(4) *Ibid.*, p. 151.

Trois jours après, le Pape écrivit encore à l'évêque de Paris pour lui dire qu'ayant appris que la cause de toutes ces agitations était la correspondance entretenue par Guillaume avec plusieurs docteurs de Paris, il interdisait à ceux-ci de continuer ce commerce épistolaire, et cela sous peine d'une excommunication encourue *ipso facto* et réservée au Saint-Siège (1).

Le 11 juillet, Alexandre IV s'adresse directement à l'Université, l'assurant qu'il n'accorderait jamais rien à Guillaume tant que celui-ci ne se serait pas soumis sans restrictions. Puis enfin, le 15 du même mois, il pria Louis IX de prêter à l'évêque de Paris le secours de sa royale puissance (2).

Ce dernier effort emporta la victoire. Beaucoup d'ecclésiastiques se soumirent et eurent recours à l'évêque de Paris pour obtenir l'absolution des censures encourues par eux et, le 3 décembre 1260, le Pape donna à l'évêque les pouvoirs suffisants, à condition qu'il n'en userait qu'après s'être assuré de la sincérité de ceux qui en sollicitaient l'emploi et leur imposerait de s'abstenir quelque temps de leurs fonctions ecclésiastiques (3).

Puis, l'Université déclara se soumettre tout entière et recevoir les Religieux, mais à certaines conditions arrêtées d'un commun accord et que nous trouvons énumérées dans l'acte qui en fut dressé pour mémoire, après les délibérations du 20 janvier, ainsi que, des 19 et 25 février 1260.

« Nous statuons et ordonnons, pour certaines raisons exprimées plus amplement en d'autres lettres, que les Frères Prêcheurs, toutes les fois qu'ils seront appelés ou admis aux actes publics, y tiendront le dernier rang, à savoir les docteurs en théologie après tous les autres docteurs jeunes ou vieux, séculiers ou réguliers, de la même faculté, et dans les disputes ils n'argumenteront qu'après les autres docteurs. Les bacheliers de leur Ordre auront aussi le dernier rang après ceux des autres, c'est-à-dire des Frères Mineurs, des Carmes, des Augustins, des Cisterciens et des autres religieux. Et cette présente ordonnance sera publiée et

(1) *Bulles*, p. 152-157.
(2) *Ibid.*, p. 158.
(3) *Ibid.*, p. 160.

affichée aux portes des églises et jurée par tous ceux qui nous ont fait serment de fidélité. Donné à Saint-Mathurin, dans notre assemblée convoquée par trois fois le 20 janvier, le 19 et 21 février 1259 (1). »

Ce fut la fin de cette longue dispute : *desinit in piscem.* On voit, jusque dans cette dernière et mesquine satisfaction, sous l'influence de quels sentiments étroits agissait l'Université.

XI. — EXIL ET FIN DE GUILLAUME.

Il ne nous reste plus qu'à connaître ce que fit Guillaume dans son exil et comment il finit.

La tradition locale, et bien des faits que nous venons de rencontrer, nous montrent Guillaume, pendant son exil, occupé à ranimer par une active correspondance le zèle de ses anciens collègues. C'est alors qu'il composa le plus considérable de ses ouvrages, qui ne parut que peu de temps avant sa mort. Il vivait retiré dans son petit cabinet de travail, au premier étage d'une tour ronde qui subsiste encore et qui forme le coin de la maison de pierre qu'il se fit construire : il en parle dans son testament. Tout auprès, en retour sur la ville, est sa chapelle; puis, le long des murailles de la ville, s'étend ce jardin dont il donnera la plus grande partie pour construire son hôpital. Renfermé dans cette étroite enceinte d'une petite localité où parvient à peine le bruit des affaires lointaines de Paris et de Rome, Guillaume va donc vivre au milieu de ses concitoyens dont beaucoup ignorent sa gloire et ne connaissent que sa défaite. Mais, dans la patrie comtoise, les cœurs ne regardent pas aux succès et de douces consolations sont encore réservées au grand docteur; il retrouve sa famille, ses amis, et, au sein de cette existence plus calme, son cœur de prêtre semble se rouvrir aux douces inspirations.

Un de ses premiers soins fut en effet de restaurer un hôpital

(1) Du Boulay, p. 356. Au lieu de 1259, il faut lire 1260, car à cette époque, en France, on comptait encore l'année à partir de Pâques, ce qui faisait six et sept mois de retard sur la nôtre.

d'ancienne fondation déjà (1). A ses propres frais il fit construire un bâtiment plus vaste et donna pour cette construction la plus belle partie de son jardin, celle où coule en murmurant la source féconde du *Soujet*. Le rez-de-chaussée est occupé par une vaste salle le long des murs de laquelle sont rangés les lits des malades; à l'une des extrémités, *au côté de bise* (nord), s'élève un autel entouré d'une balustrade, sorte de chapelle où se célébreront les saints mystères que pourront suivre du regard et sans se déranger tous ceux qui seront couchés; à l'autre extrémité, *du côté du vent* (sud), s'ouvre une de ces vastes cheminées comme en conservent encore nos vieilles maisons et que connaissent bien ceux qui ont affronté le rude hiver de nos montagnes. Autour de la cour qui précède l'entrée, se trouvent les logements des personnes employées au soin des pauvres malades, ainsi que les magasins et les autres dépendances. Les contemporains ne pouvaient savoir encore tout ce qu'il ferait pour assurer l'avenir de cette fondation, et leurs désirs ne pouvaient aller aussi loin que sa générosité. Après six siècles écoulés, cet hôpital est riche encore des dons de Guillaume et tandis que, hormis les érudits de profession, tout le monde ignore le nom du théologien, les pauvres de sa ville jouissent encore de ses bienfaits et regardent avec émotion le portrait de celui dont ils ne savent rien, eux non plus, si ce n'est qu'il lui doivent souvent la santé et toujours les secours nécessaires à leur état.

La mémoire du passé n'a rien conservé de plus sur le séjour de Guillaume dans son pays et son testament, quelque détaillé qu'il soit, ne nous apprend rien Nous n'avons non plus rien de précis sur son prétendu retour à Paris en 1263. Quelques auteurs du dix-septième siècle ont écrit que, le pape Alexandre IV étant mort le 25 mai 1281 et le Français Urbain IV élu le 29 août suivant, celui-ci permit à Guillaume de rentrer à Paris, où il vint au printemps de 1263 et fut reçu en triomphe par

(1) Cet hôpital, dit-on, avait été fondé vers 1100 par Jeanne d'Andelot, de la célèbre maison de Coligny, de concert avec diverses personnes pieuses de Saint-Amour et des environs. Il reste encore, aux Archives de l'hôpital, quelques parchemins de cette époque en mauvais état, qui semblent en faire mention.

l'Université (1). La chose est possible, mais les plus vieux chroniqueurs n'en parlent point; et même l'*Historia Normannorum* (2) laisse entendre que Guillaume n'a jamais quitté son exil. Il semble cependant que le nouveau Pape lui ait rendu une partie de ses bénéfices et charges puisque, quelque temps après, Clément IV donnera de nouveau à Guillaume le titre de *maître* dans une lettre qu'il lui adressera. Tillemont, qui soutient la première opinion, dit qu'elle n'a rien d'impossible, puisque nous voyons par les détails d'un procès que Guillot, le bedeau de la nation de Picardie, excommunié et exilé par Alexandre IV, était en 1263 rentré en grâce et avait repris ses fonctions. Mais cela ne prouve que bien peu, car on ne nous dit pas que Guillot ait refusé de se soumettre et ait été absous quand même, tandis que nous savons très bien que Guillaume ne s'est jamais soumis.

Deux ans après ce prétendu retour triomphal à Paris, Guillaume fit donc paraître le nouvel ouvrage, fruit de ses méditations solitaires et des loisirs de son exil : *Collectiones catholicae et canonicae scripturae ad instructionem et praeparationem simplicium Christi fidelium contra pericula imminentia Ecclesiae generali per hypocritas, pseudopraedicatores, et penetrantes domos, et otiosos, et gyrovagos.* Il n'y a pas à se tromper sur l'objet du livre.

C'était, sous une forme un peu nouvelle mais plus étendue, le *Livre des Périls;* ce travail justifie d'une connaissance profonde des Écritures et des Pères, d'une prodigieuse érudition en même temps que d'un inébranlable attachement à la cause pour laquelle le docteur avait toute sa vie combattu. Jamais le vieux lutteur n'a été plus souple en ses allures, n'a porté de plus vigoureux coups, ni mieux été sur ses gardes pour la

(1) Du Boulay, p. 368-369; Saint-Amour, préface, p. 63-64.

(2) *Hist. Norm.*, p. 1014 D. — Les auteurs modernes qui ont touché à cette question ont amplifié encore avec un lyrisme digne d'un plus beau sujet et d'un événement plus certain. « Le retour de Guillaume à Paris fut un véritable triomphe; il reçut de la population de la capitale cet accueil qui fait pâlir l'envie et que l'enthousiasme général seul peut accorder. » (Corneille Saint-Marc, p. 24.) — Voir aussi : Tissot, *Leçons de littérature française ancienne et moderne*, qui compare ce retour à celui de Voltaire au dix-huitième siècle.

riposte. Tout d'abord il n'y voulut pas mettre son nom et déclara, dans les Préliminaires, que la connaissance de l'auteur n'ajouterait rien à la valeur de la thèse; il protestait aussi de sa soumission au Pape et aux prélats et se rangeait d'avance à leur avis quel qu'il fût : singulière tactique qui n'est pas la meilleure note de l'esprit de Guillaume; il promet toujours une soumission qu'il ne fait jamais.

Mais, sur ces entrefaites, Urbain IV étant mort et Clément IV élu à sa place, le 5 février 1265, Guillaume, qui pensait ce Pape moins hostile à ses idées que les précédents Souverains Pontifes, lui fit présenter son ouvrage par l'entremise d'un certain Thomas, docteur de Paris, qui se trouvait alors à Rome et qui n'a rien de commun avec Thomas d'Aquin.

Clément IV le lut en partie et répondit à Guillaume par l'intermédiaire du même Thomas (1).

Mais, quelque temps après, Clément IV donna le livre au général des Dominicains, Jean de Verceil, qui commit à Thomas d'Aquin le soin de l'examiner. Le docteur dominicain ne trouvant rien dans cet ouvrage qu'il n'eût déjà réfuté dans le

(1) Cette lettre est du 18 octobre 1256; elle est trop importante et le sens en a été trop souvent défiguré pour que nous ne la citions pas en entier et dans le texte original.

« Dilecto filio magistro Guillielmo de Sancto Amore.

« Si circa veritatis elaboras indaginem; si cautelas etiam colligis ex scripturis; dum tamen sobrius inquisitor existas, et acumen evites scandali, non te credimus arguendum. Sed cavendum est tibi, vel praeteritorum tuo haereat animo nimis tenax memoria, et ne sub doctrinae specie detractorum colores insidias, vetillam objurgationem merearis audire quâ Paulum tetigit Festus dicens : Te multae litterae faciunt insanire. Sanè libellum novum evolvere cepimus quem misisti, qui licet interdum alias oras circumeat, veterem tamen multum sapit; et cum excussus et discussus, coloratus in aliquo videatur, totam primi substantiam comprobabitur retinere. Verum quia totum non legimus, nihil tibi possumus respondere, nisi quod provida diligentiae cor tuum munias. ne sub boni specie te seducet, qui se, ut lateat, in angelum lucis transfigurat. Nos autem cum legerimus opusculum et aliis amatoribus veritatis et eamdem intelligentibus communicaverimus, tunc quod nobis videbitur tibi debemus intimare : Sed quia res forsitan abibit in longum propter negotiorum instantiam quae de mundi diversis partibus nos solito acrius inquietant, dilectum filium magistrum Thomam supradicti praesentatoremoperis ultra nolumus detinere.

« Datum Viterbii decimo quinto Kalendas Novembris, anno secundo nostri pontificatus. » (Echard. *Sum. S. Thom. vind.* p. 264; Natal. Alexand. *l. c.* et Bullaire romain.)

traité théologique qu'il avait fait autrefois contre *les Périls des Derniers Temps*, réédita de nouveau ce travail *Contre ceux qui combattent la profession religieuse.* Il y ajouta cependant peu après deux autres ouvrages de moins grande importance, les dix-septième et dix-huitième de ses œuvres, pour montrer en quoi consiste la perfection chrétienne et comment elle est atteinte par la vie religieuse. Guillaume n'eut rien à répondre. Mais Gérard d'Abbeville, docteur de l'Université de Paris (1), publia peu après un libelle contre les Mendiants, les accusant de cent neuf erreurs. On lui répondit aussitôt en l'accusant lui-même de soutenir cent trois propositions fausses; Gérard alors attaqua avec violence le traité de Thomas d'Aquin *Sur la Perfection chrétienne* et en fit une critique si ridicule que le religieux ne répondit pas. Le cinquième libelle de l'universitaire nous valut une réponse de Thomas d'Aquin et une autre de Bonaventure, le Franciscain, qui donna alors son *Apologie des Pauvres,* dernière réplique aux ennemis des Mendiants, demeurée sans réponse.

Ces événements durent assombrir les derniers jours de Guillaume. Depuis quelque temps déjà il sentait approcher sa fin et s'y était préparé en faisant son testament, puis un codicille important qu'il y ajouta quelques jours avant sa mort, arrivée le 13 septembre 1272 :

« L'an de nostre Seigneur, mil deux cent septante-deux, — disaient les papiers aujourd'hui perdus du chapitre de Saint-Amour, — mourut vénérable homme Messire Guillaume de Saint-Amour, docteur en sainte Théologie, homme très docte et très excellent, lequel étant et travaillant au lit de maladie extrême, très sain de sens et d'entendement demanda (que) le précieux corps de J.-C. luy fût apporté et, quand on lui présenta ledit corps de J.-C. en la présence du peuple, il confessa grandement la foy de notre Sauveur et Seigneur en ces paroles : « Voicy, sous les « espèces du pain, le vrai Dieu et le vrai Homme, chair vive; le

(1) Saint Bonaventure nous dit même que, en punition de ses fautes, Gérard d'Abbeville mourut peu après de la paralysie et de la lèpre, désignant par testament de 1271 Robert de Sorbon comme son exécuteur testamentaire. Il était archidiacre d'Amiens. Voir Du Boulay, p. 709.

« Père engendra le Fils éternellement, lequel est né de la Vierge « Marie, passible a conversé avec les hommes; homme passible « a été crucifié, mort comme homme passible et ressuscité de « mort, le tiers jour, impassible est monté aux cieux le 40me jour « après sa résurrection, Dieu et homme impassible. » Et alors reçut le précieux corps de J.-C. en grande révérence et crainte, en présence de Messire Étienne, chapellain de Saint-Amour; de Messire Étienne, curé de Domsure; de Guillaume Cachet; de Guillaume de Bresse (ou de Bornes); Guichard de Villeneuve, prebstre; messire Pierre de Saint-Amour, chanoine de Mâcon, de Messire Guy Camus, clerc, et de plusieurs autres. »

Guillaume fut inhumé dans un tombeau placé en dehors de l'église paroissiale, *du côté du vent,* près de la porte principale. Il était légèrement enfoncé dans la muraille sous une petite voûte et surmonté d'une petite statuette du docteur à genoux les mains jointes (1).

Plus tard, sur le tombeau du maître on grava ces quatre vers qui témoignent plus de l'admiration des compatriotes du docteur que de leur strict amour de la vérité, au moins pour ce qui regarde la foi :

DUX ET LUX CLERI, RIGOR ET SENTENTIA VERI,
VIR PIUS ET CHARUS VIDUIT, JACET HIC TUMULATUS.
OMNIBUS, HUNC, HORIS, PLEBS SANCTI PLANGAT AMORIS,
TUTOREM VILLÆ, TUTOR QUIA DEFICIT ILLE.
OBIIT 1272 (2).

(1) Voici du reste ce qu'en dit un habitant de Saint-Amour, messire Colombet, qui écrivait au commencement du dix-huitième siècle :

« Sepulchrum hujus celeberrimi doctoris visitur in ecclesia parochiali sanctorum Amoris et Viatoris, in parte spectante meridiem, sub fornice quæ tegit jacentem hunc tumulum: vulgo fertur inclusos fuisse celebris hujus doctoris varios libros ut posteritati perirent sed multum dubius est ille rumor, nam in testamento dederit suos libros et mortuus fuerit in communione Ecclesiæ ut patet in sermone quem habuit in præsentia S. S. corporis Christi, quem superius retuli. »

Ces renseignements se trouvent transcrits à la dernière page du premier des manuscrits de l'hôpital de Saint-Amour, où se trouve la copie du testament de Guillaume. On lit à la suite ces deux lignes : « Testamentarias tabulas suppeditavit nobis R. D. Colombetus Theologus, die 26 Augusti, anno Domini 1616 ».

(2) A la fin de ce même manuscrit dont il est parlé à la note précédente, on lit cette traduction en français de l'épitaphe de Guillaume :

La pierre sur laquelle se lit encore cette épitaphe ne remonte certainement pas au delà du quinzième siècle, époque à laquelle l'église de Saint-Amour fut presque entièrement reconstruite et où probablement on restaura le tombeau de Guillaume. Un peu plus tard, vers la fin du dix-huitième siècle, lorsqu'on transporta loin de l'église, autour de laquelle il se trouvait, ce cimetière commun, on dérangea encore une fois les restes du docteur et on les transporta dans un caveau intérieur creusé sous le maître-autel, du côté de l'Évangile. En 1822, on descendit dans ce caveau et l'on y trouva, au milieu, un tombeau sans inscription, sur lequel étaient déposés les restes d'une calotte ecclésiastique et d'une paire de sandales. On n'enleva pas ces objets, mais ce caveau fut refermé; malheureusement on le scella d'une pierre neuve après l'avoir comblé de plâtras et de pierres et l'ancienne sert depuis à paver un corridor extérieur où on peut encore la voir.

C'est auprès de ce tombeau aujourd'hui si ignoré, que, jusqu'à la Révolution, les bourgeois de Saint-Amour s'assemblaient chaque année pour élire le nouveau recteur de l'hôpital et, tous les dimanches, après la grand'messe de la Familiarité, le clergé venait processionnellement y réciter un *De profundis* pour le repos de l'âme de Maître Guillaume de Saint-Amour, docteur en sainte Théologie de la maison de Sorbonne; recteur de l'Université de Paris, chapelain du Souverain Pontife, chanoine de Beauvais et de Mâcon (1), et bienfaiteur insigne de l'hôpital de Saint-Amour.

De tous les clers l'exemple et la bannière
Et la rigueur de la sentence dernière,
Homme pieux, aux pauvres charitable,
Est inhumé dans ce tombeau notable;
A toutes heures, peuple de Saint-Amour
Pleure, regrette par pitié et amour
  Celuy qui estait sans faillir
Le vray tuteur qui icy est enseveli.
   Dieu aye son âme.

(1) Ellies Dupin (*Histoire des controverses et des matières ecclésiastiques*, treizième siècle, p. 535) dit qu'il fit rechercher au moment où il écrivait son ouvrage, dans l'obituaire des chanoines de Mâcon, par M. Francastel, et que celui-ci y découvrit la mention de la mort de Guillaume au quinzième jour de septembre 1272.

On se plaît à voir ce docteur obstiné finir en paix avec l'Église. Mais il est vraisemblable que l'Église y a dû mettre beaucoup de son indulgence. Jusque dans le testament de Guillaume, on retrouve la trace de ses erreurs fondées sur la fausse interprétation du mot qui lui a fait confondre les Ordres *dits mendiants* avec des vagabonds sans profession. En stipulant la générosité qu'il veut faire aux pauvres, il semble se plaire à rappeler les formules pédantesques de sa fameuse querelle : « Item, aux pauvres honnestes de la paroisse ou d'entour, *lesquelz ne suyvent point oysiveté de leurs volontés* et ne peuvent avoir sustentation de leurs biens ou labeurs ou aultrement *sans péché* et pour ce *mendient par nécessité inévitable*... donne et lègue quarante livres. » Cet homme est un illustre exemple de ces prétendus logiciens, hantés par une idée qu'ils se sont faite en se tenant à des mots et en raisonnant sur le sens abstrait et exclusif qu'ils se sont plu à leur donner *par définition*. Si Guillaume de Saint-Amour s'était quelque peu appliqué à l'observation des faits sociaux au lieu de se perdre dans de creuses et scolastiques déductions, il aurait vite vu et compris en quoi des hommes, dont Thomas d'Aquin et Bonaventure de Fidenza étaient les représentants les plus autorisés, tranchaient sur le type du pur mendiant, et ce que leurs libres allures dégagées de soucis temporels et la large action de leurs pouvoirs étendus apportaient de progrès sur l'esprit d'étroite organisation de l'Université et du clergé régulier d'alors.

APPENDICE

I. — TESTAMENT DE MAITRE GUILLAUME DE SAINT-AMOUR.

L'original de ce document est perdu depuis fort longtemps, ainsi que le constate l'attestation suivante :

« Le vingt-unième jour du mois de mars (1626), par devant nous « Philibert Colombet, docteur ès Saints décretz, official ordinaire du « diocèse de Lyon rière le comté de Bourgoingne, en l'audience des « causes de lad. officialité, comparant par devant nous judicialement, « messire Jehan Nurrin, archiprebstre et promoteur en lad. officialité, « nous a remonstré qu'il a cause par devant nous contre les sieurs « recteurs de l'hospital de Saint-Amour au faict de la reddition des « comptes dud. hospital, en laquelle il est nécessaire qu'il ayt com- « munication du testament de messire Guillaume de Saint-Amour, « docteur en théologie, et après avoir faict tout son pouvoir de trou- « ver l'original dud. testament contenant la fondation et la dotation « dud. hospital, il ne l'a peult recouvrer, ayant esté esgarée au temps « des guerres qui ont régné dès la mort dud. testateur advenue il y a « plus de trois cent soixante-trois ans (1); au moyen de quoy led. pro- « moteur auroit recouvrée une coppie dud. testament aux archives de « l'esglise dud. Saint-Amour, non signée, et l'ayant communiquée aux « sieurs ecclésiastiques, luy ont dict que c'estoit la vraye coppie dud. « testament, l'ayant ouy lire plusieurs fois et ouy dire aux anciens de « leur souvenance que le contenu d'icelle estoit le propre testament dud. « feu messire Guillaume de Saint-Amour; pour vérification et attestation « de quoy il nous a requis prendre le serment desd. sieurs ecclesias- « tiques, et comparant par devant nous messire Jehan Perricquault, « prebstre et âgé de septante deux ans, messire Claude Colombet, âgé « de cinquante huict ans, messire Amour Teppe, aussi prebstre, âgé de

(1) Lire : 354 ans.

« cinquante-trois ans, messire Jehan Gillet, curé de Condal (1), âgé de « cinquante-quatre ans, Claude Desbon, de quarante-trois ans, lesquelz « par leurs sermentz *ad pectus*, après avoir ouy la lecture de la susd. « coppie, ont dit qu'elle estoit véritable pour en avoir veu diverses sem- « blables coppies ès mains de plusieurs bourgeois de la ville, et avoir ouy « dire de tout temps que c'estoit la vraye coppie de l'original dud. tes- « tament qui contenait la fondation dud. hospital. Et de ce que dessus « led. promoteur a quis acte et que led. testament soit enregistré rière « le greffe de nostre officialité, à fin de perpetuelle mémoire, ce que nous « luy avons octroyé, ordonnant au greffier de lad. officialité faire lad. « enregistrature pour y avoir recours quand besoing sera. Faict les an et « jour susd. »

« *Signé :* Colombet, prebstre; Perricquault, prebstre; Teppe, prebstre; « Desbon, prebstre, Gillet; Philibert Colombet, prebstre, official; « Nurrin, archiprebstre; Mercier, greffier. »

Depuis lors, plusieurs copies furent faites de ce document. Deux d'entre elles se trouvent aux archives de l'hôpital de Saint-Amour, et des habitants de la ville en possèdent d'autres, toutes du dix-septième siècle. Les manuscrits Chifflet, de la bibliothèque de Besançon, en contiennent aussi une copie de 1611 (2). Ces diverses transcriptions présentent entre elles de légères variantes, provenant assurément de l'inattention des copistes. Nous les avons avec soin collationnées entre elles, pour rétablir dans son intégrité primitive le texte reconnu authentique il y a deux siècles et demi. Cependant nous croyons ne pas nous tromper en affirmant que le document primitif devait être rédigé en latin, comme tous les actes officiels de cette époque. Tout nous porte à le croire; la qualité du personnage qui teste, son éducation, la continuelle habitude qu'il avait de la langue latine pour parler et écrire, jusqu'à certaines tournures des phrases du testament qui sentent la traduction et ont en français une allure gênée. Mais si nous sommes à peu près assurés de son intégrité substantielle, nous n'oserions en dire autant de son intégrité matérielle : le lecteur attentif remarquera de loin en loin des obscurités, on sent qu'il manque quelque chose sans pouvoir dire quoi; ailleurs, il y a comme des solutions de continuité, des sauts brusques de la pensée qui va ainsi sans transition d'une idée à une autre.

Tel qu'il est cependant, le testament de Maître Guillaume reste un document d'une réelle valeur et d'une haute importance.

« En nom du Père, du Filz et du Saint-Esprit, Amen.

« Je messire Guillaume de Saint-Amour, docteur en sainte Théologie,

(1) Condal, commune du canton de Cuiseaux (Saône-et-Loire).
(2) Volume XVIII, fol. 86-93.

« sain d'entendement et de corps, pensant à la mort, affin que je ne « meure sans tester, que Dieu ne veuille, dispose de ma dernière volonté « en ceste manière.

« Premièrement, je institue mon héritier Pierre Bellisson, mon nep- « veur, chanoisne de Mascon.

« *Item*, je donne et lègue quarante livres à la fabricque de Saint- « Amour; je donne vingt livres viennois pour faire livres nécessaires à « lad. église.

« *Item*, pour faire mon anniversaire tous les ans en lad. église, je « donne et lègue trente livres desquelles soient acheptées rentes par la « main de mon héritier, pour payer prebstres et clers, tous les ans au « jour de mon trépas, lesquelz seront présents à la célébration dud. « anniversaire.

« *Item*, pour faire mon anniversaire en l'église de Mascon, je donne « et lègue soixante livres masconnoises et veult (*sic*) que cet anniversaire « soit prins sur la tierce partie du diesme d'Andelost (1), laquelle m'est « engagée pour trente livres viennois par Guillaume, filz de feu Amey « d'Andelost, et dessus les deux parties du diesme de Toissia (2) lesquel- « les me sont engagées pour soixante livres viennois par Monsieur de « Laubespin, s'il n'advient qu'elles ne soient réacheptées moy vivant; « mais s'il advient qu'elles soient réacheptées après ma mort, alors « soient acheptées rentes de l'argent dessusd.; lesquelles soient distri- « buées tous les ans à ceulx qui seront présentz à mon anniversaire.

« *Item*, à la fabrique de l'église de Saint-Jehan d'Estreul (3) ou à l'or- « nement d'icelle donne et lègue dix livres.

« *Item*, à la fabricque ou ornement de l'église d'Andelost, donne et « lègue cent solz.

« *Item*, aux pauvres honnestes de la parroisse de Saint-Amour ou en- « viron, lesquelz ne suyvent point oysiveté volontairement et ne peuvent « avoir compétente sustentation de leurs biens ou labeurs ou aultrement « sans péché, lesquelz par cause probable ont honte de mendier, mes- « mement si aucun d'eux m'attouchent de lignage, en quelque lieux « qu'ilz soient, donne et lègue cent et cinquante livres.

« *Item*, aux pauvres honnestes de lad. parroisse ou d'entour, lesquelz « ne suyvent point oysiveté de leurs volontés et ne peuvent avoir susten- « tation de leurs biens ou de leurs labeurs ou aultrement sans péché, « et, pour ce, mendient par nécessité inévitable, mesmement si aulcung « d'eux m'attouche de sang ou de lignage, en quelque lieux qu'ilz soyent, « donne et lègue quarante livres.

(1) Andelot-lez-Saint-Amour, commune du canton de Saint-Julien (Jura).
(2) Thoissia, commune du canton de Saint-Julien (Jura).
(3) Saint-Jean-d'Étreux, commune du canton de Saint-Amour.

« *Item,* pour marier pauvres filles honnestes de la parroisse de Saint-« Amour ou d'auprès, principallement celles qui m'attouchent de sang « ou de lignage, en quelque lieu qu'elles soient, donne et lègue cent et « cinquante livres. Et pour lesd. pauvres soient distribués les légatz « dessusd. par les mains de mon héritier et de mes exécuteurs, selon la « plus grande ou moindre indigence d'iceulx et selon la plus grande ou « moindre propinquité de lignage.

« *Item,* pour reffaire au rabiller les pontz de la ville et les mauvais « passages de la parroisse de Saint-Amour ou environ, là où mes exécu-« teurs verront estre expédient, donne et lègue quarante livres.

« *Item,* donne et lègue dix livres pour les choses nécessaires à la ma-« ladière de Saint-Amour, pour appliquer aux usages qu'il semblera bon « à mes exécuteurs (1).

« *Item,* des quatre cent et sept livres que me doibt Jacques de Ruillia, « je luy en remès cent et quarante pour marier ses deux filles ; et si led. « Jacques me paye led. debt, je veux que mon héritier paye led. legat « de cent et quarante livres pour marier sesd. filles.

« *Item,* donne et lègue huit cent livres à l'hospital, lequel j'ay eddif-« fié à Saint-Amour, pour le remède de mon âme et des âmes de mes « parents et amys, et mesmement pour le remède de l'âme de Hugue, « illustre duc de Bourgoingne (2), pour loger et recepvoir les pauvres de « Nostre-Seigneur tant sains, que mallades.

« *Item,* donne et lègue aud. Hospital tous mes biens inmeubles, les-« quelz je ne aurois donné ny legué à aultre personne. Et si Pierre mon « nepveur et héritier, a aulcung droict en aulcungs de mes biens inmeu-« bles, je veulx et commande qu'il remette led. droict en récompence « de son institution.

« *Item,* je laisse à mond. héritier, oultre la quarte à luy deue par droict « d'institution, l'usage et demeurance de mon domaine assis jouxte la « porte aux Alinières, d'aultant qu'il est contenu dans la clausure des « murs, lesquelz envyronnent led. domaine ; c'est à savoir jusqu'à la « porte du Quarré, par laquelle on va aud. hospital, ensemble pour « instrumentz et ustensilz dud. domaine, excepté la vaisselle d'argent, « en condition que après sa mort naturelle ou civile led. domayne, en-« semble tous instrumentz et ustensilz dessusd. retournent franchement « aud. hospital. Mais si mond. héritier en sa vie peult vendre led. do-

(1) Guillaume de l'Aubépin, seigneur de Saint-Amour, ou son fils, Guillaume II, fondèrent un hôpital pour les lépreux, vers 1260. On sait fort peu de choses sur cet établissement qui a disparu depuis très longtemps sans qu'on puisse déterminer l'époque, et dont les revenus furent sans doute réunis à ceux du grand hôpital. Le lieu où il se trouvait, à quelque distance de Saint-Amour, porte encore aujourd'hui le nom de *Maladière* (ou *Maladrerie*).

(2) Hugues IV, duc de Bourgogne, de 1218 à 1272.

« mayne à pris compétent, je veux qu'il en aye la moytié du pris oultre « la quarte dessusd., et que led. hospital aye l'aultre moytié.

« *Item*, je donne et lègue à la femme de Pierre Bellisson et à ses enf- « fans mon domayne assis jouxte la porte de Comba, lequel j'ay achepté « de Jacques Bellier, ensemble la vigne y touchant, laquelle j'ay achep- « tée de la fille de Guillaume Roy et de Alix, sa mère, et de Robert « Foudra, mary de lad. Alix, soubz telle charge qu'elle et sesd. enffans « rendront tous les ans pour led. domayne aud. hospital quarante solz « de cense. Mais s'il advenoit que icelle mourust sans hoirs de son corps, « je veux que ce légat retourne franchement aud. hospital. Et si les « héritiers dud. Jacques Bellier, vendeur, réclamoient ou querelloient « aulcung droict contre led. domayne, je veux que led. Alix, légataire « dud. légat, ou ses hoirs recouvrent vingt livres, lesquelles led. Richard, « filz de feu led. Jacques, père desd. heritiers, me doibt, ainsi qu'il est « plus amplement contenu en lettres, et instrument sur ce faictz et re- « ceuz, et que néanmoins lad. Alix, légataire, deffende son légat; mais « si les heritiers dud. Bellier ont pour agréable et ratiffient d'aultant « qu'il sera en eulx lad. vendition, combien que cela soit davantage, et « de ce octroyent a lad légataire public et légitime instrument, je veux « que lesd. vingt livres leur soyent franchement remises et laissées.

« *Item*, de deux corps de droict civil que j'ay, je donne et lègue le « meilleur d'iceulx aud. maistre Jacques, mon nepveur, lequel j'ay « achepté pour led. Maistre Jacques, ensemble la somme adjointe; et « mes aultres livres que je ne auray léguez à aultres personnes ou lieux, « je donne et lègue aud. Jacques et à Pierre, mon héritier, en commung, « et veux que ceste partye de livres, ne soit point comptée en la quarte « dud. Pierre, mon héritier.

« *Item*, aud. maistre Jacques quicte et remis cent livres, lesquelles « il me doibt, s'il n'advient qu'il me les paye devant ma mort, et s'il « me les paye moy vivant, je lui legue et donne aultant.

« *Item*, laisse ma vaisselle d'argent aud. Pierre, mon héritier, com- « prinse en la quarte à luy due.

« *Item*, de cinq cent livres que me doibt led. héritier, je veux que « cent livres luy soient comptées à la quarte à luy deue, et les aultres « luy quicte et remis.

« *Item*, je donne et lègue cent livres pour récompencer et rémunérer « mes serviteurs, jouxte la qualité de leurs personnes et jouxte la qua- « lité de leurs services, lesquelles seront distribuées sellon l'arbitrage et « avoir de mon héritier et de mes exécuteurs. Et veux que mes exé- « cuteurs puissent augmenter ce légat, s'il leur semble estre expé- « dient.

« *Item*, donne et lègue à Berthet de Mont, mon serviteur et parent,

« oultre la participation du légat faict à mes serviteurs et mes parentz, « quarante livres.

« *Item*, donne et lègue dix livres à maistre Bernard de Charnaye qui « m'a aultrefois bien servy.

« *Item* à messire Crispy, prebstre, donne et lègue cent solz.

« *Item*, donne et lègue quarante livres pour faire dix calices d'ar- « gent à dix églises de l'archiprebstrise de Collignya (1) et aussi à chas- « cung curé, combien qu'il ne soit pas prebstre, donne et lègue cinq « solz.

« *Item*, en mon testament présent confirme le codicile, si après led. « testament en fais aulcung.

« Et de ceste mienne et dernière volonté constitue mes exécuteurs « messire Pierre Lasomme, prebstre, chappellain de l'autel major de « Saint-Vincent de Mascon, et messire Jacques, mond. nepveur, et à « chascung d'eulx, donne vingt livres pour leurs peynes et labeurs de « ceste mienne exécution.

« *Item*, j'entends tous les dessus de légatz de monnoye viennoise, « fors que le légat de l'anniversaire de Mascon.

« *Item*, adjure par Dieu tout-puissant, tant mes exécuteurs que mes « héritiers et leur commande soubz le péril de leurs âmes, qu'ils ac- « complissent et executent ceste mienne dernière volonté entièrement « et féallement, tant qu'il leur sera possible.

« *Item*, s'il advient que en ce testament la loy Falcidia eust lieu, je « veux que mon héritier de tout ainsy des choses léguées en causes « pieuses en puisse defalquer tant qu'il aye sa quarte entière, selon le « jugement de mes exécuteurs; et si oultre lad. quarte et le dessus de « légatz il demeuroit quelque chose de mes biens, je veux et commande « que mesd. exécuteurs le baillent et laissent en causes pieuses, selon « que à eulx et à mon héritier sera veu estre mieux expédient.

« *Item*, veux et commande que si mond. héritier et mes exécuteurs « voyent aulcungs desd. légats estre trop petitz, qu'ils ayent puissance « de oster de ceulx qu'il leur semblera estre trop grandz et d'adjouster « à ceux qu'il leur semblera estre trop petiz, en sorte que la somme « totalle desd. légatz ne décroisse point, mais demeure toute une ou « plus grande, sinon que par nécessité de la loy Falcidia soit faicte « diminution de tous les légatz, laquelle chose je ne crois.

« *Item*, je veux et commande que si des légatz desd. anniversaires « ou du légat de l'hospital dessusd. ne peuvent incontinent estre achep- « tées rentes, pour ce que l'on n'en trouveroit point à vendre, que ce- « pendant l'argent desd. légatz soit mis ès mains de marchans légi-

(1) Coligny (Ain).

« times, s'il s'en peult trouver, affin que du juste et légitime gain dud. « argent soient faictz les anniversaires dessusd. et le prouffit dud. « hospital, et baille la charge et sollicitude de cecy à mond. héritier et « aux exécuteurs dessusd.

« *Item*, veux et commande que mon héritier, tant qu'il vivra, en- « semble le chappellain de Saint-Amour, ayent le régime dud. hospital, « affin que eulx deux instituent et destituent les serviteurs et gardes « dud. hospital, soient hommes ou femmes, ainsy qu'ilz trouveront estre « expédient. Et après la mort dud. héritier, seront esleus tous les ans « par les bourgeois de Saint-Amour, lesquelz serontz présentz en l'é- « glise, à l'heure de la messe, le dimanche de la my-caresme, deux « bourgeois de lad. ville qui ayent la puissance de régir led. hospital « en la manière dessusd.; et tous les ans en suyvant semblablement « iceulx ou aultres bourgeois de la mesme ville pour faire led. régime, « ainsy qu'il sera veu estre expédient à la plus grande et sayne partye « desd. bourgeois; auxquelz recteurs dud. hospital soit dict par lesd. « bourgeois et aud. chappellain, après qu'il auront prins la charge dud. « hospital qu'ilz exercent féallement led. régime et sur le péril de leurs « âmes.

« *Item*, s'il advient que, moy vivant, je paye aulcung desd. légatz « en tout ou en partye, je veux que après ma mort mon héritier ne « soit point tenu à payer desd. légatz ce que par moy aura esté payé, « sinon que ma substance fut si grande au temps de ma mort que tous « les légatz dessud. et la quarte de mon héritier en puisse estre pleine- « ment payé sans diminution de l'un ni de l'aultre.

« Et si cette mienne disposition ne vault par droict de testament so- « lennel et escript, je veux qu'elle vaille par droict de testament nun- « cupatif, et si elle ne vault ainsy, je veux qu'elle vaille par tel droict « que aulcune dernière volonté peult valloir ou de droict civil, ou « de droict canon, ou de coustume.

La teneur du Codicille.

« En nom de la saincte indivise Trinité, du Père, du Filz et du benoist « Sainct-Esprit, Amen.

« L'an de Nostre-Seigneur mil deux cent septante deux, au mois de « septembre, je messire Guillaume de Saint-Amour, docteur en Théo- « logie, sain d'entendement, après mon testament jadis faict, fais ce « codicille pour changer ou augmenter, ou diminuer ou oster aulcunes « choses contenues aud. testament.

« Je veux que le légat soit doublé que j'ay faict à mon nepveur « messire Jacques, par lequel luy quicte et délaisse cent livres qu'il

« me doibt, et luy donne aultant, s'il me les paye durant ma vie.

« *Item*, je veux que le légat que j'ay faict de la maison que j'ay ac- « quis de Jacques Bellier, avec ses appartenances, et de la vigne joi- « gnant, située dessus l'estang du Couvent, soit nul; car depuis j'ay « donné lad. maison avec ses appartenances et la vigne susd. à Pierre « de Mont, mon nepveur.

« *Item*, je donne et lègue à Humbert de Mont, mon parent et servi- « teur, et à Michel, son frère, ma maison de pierre, laquelle j'ay édif- « fiée jouxte ma chapelle au jardin lequel j'ay acquis de Béatrix, « femme de Claude Pellestier, avec la place joignante, que j'ay envi- « ronnée de murailles et révoque le légat que j'ay faict aud. Humbert « de quarante livres, luy donnant et léguant cent livres, ensemble son « frère dessusd. pourveu et en sorte que led. Michiel, frère dud. Hum- « bert, aye la tierce partye en tout ce légat, ou aussy moindre ou point, « s'il semble estre expédient à mon héritier et à mes exécuteurs.

« *Item*, augmente le légat que j'ay faict à mes exécuteurs à ung « chascung de vingt livres jusques à un chascung de quarante livres.

« *Item*, augmente jusques à vingt livres le légat que j'ay faict de cent « solz à messire Anthoine Crispy, et de ce soit content led. Anthoine « pour son service jusqu'à ce jourd'huy.

« *Item*, remes et quicte à Guy de Branges, lequel m'a aultrefois « servy, pour le récompencer, le debte qu'il me doibt de vingt livres, « et s'il me paye tout ce qu'il me doibt, durant ma vie, je lui donne « et lègue vingt livres.

« *Item*, du debte que me doibt Guillaume Ronchin, jadis mon servi- « teur, confesse qu'il m'a esté satisfaict en partie par paiement et en « partie par rémission, jusques à la somme de quatre livres, lesquelles je « remes et quicte agréablement à ses enffans.

« *Item*, je augmente jusques à deux cent livres le légat que j'avois « faict aux deux filles de Jacques de Ruillia, pour les marier, de sept « vingt livres que j'avois remis et quicté à leur père du debte qu'il me « debvoit; et si le père me paye tout ce qu'il me doibt, en ma vie, je « veux que que l'on donne deux centz livres aud. filles pour les marier.

« *Item*, du légat faict aux pauvres honteux de mendier et mesme- « ment à ceux qui sont de mon sang et lignage, je veux que Bernard « de Mont, mon cousin germain, en aye trente livres, et Helye, femme « de Michiel de Corcelles, en aye dix livres, et Guillaume de Mont, dix « livres, et le demeurant dud. légat soit distribué aux aultres pauvres, « selon l'advis et jugement de mes exécuteurs.

« Et du légat que j'ay faict pour marier pauvres filles, je veux que les « deux filles de Helye à marier en ayent vingt livres et les filles de Ni- « cole de Champaignya vingt livres; et à la fille de Béatrix, femme de

« Poncet Dufour, je donne et lègue dix livres; et le demeurant de ce « légat soit distribué par mes exécuteurs à aultres pauvres filles, selon « leurs arbitrages et bon advis.

« Et du légat que j'ay faict à l'hospital, parce que mes biens ne peu- « vent suffire pour payer tous les aultres legatz, j'en oste trois cents « livres pour accomplir les aultres légatz.

« Aussy veux et commande à Pierre mon nepveur et héritier, et luy « enjoins sur le péril de son ame qu'il donne cent livres de mes biens à « Poncette, femme à Pierre Bellisson, lesquelles ne soient point mises ès « mains de son mary, mais ès mains de lad. Poncette, ou aux mains de « quelque homme de bien qui sera esleu à la volonté de lad. Poncette, « afin que du juste gain dud. argent il donne à lad. Poncette pourtion « légitime pour substanter elle et son mary et ses enffans; et quand elle « vouldra avoir rière elle lesd. cent livres, qu'elles luy soient rendues.

« Les tesmoins à ce codicille appelez et priez tous ensemble sont « messire Estienne, chappellain de Saint-Amour; messire Estienne « Crispy, curé de Donseurre; Nicollas Chappelain de Donseurre; mes- « sire Guillaume Vieux, de Saint-Amour; et messire Guillaume Ca- « chet, prebstre; lesquels tous à ma requeste ont soubscript de leurs « propres mains et ont mis leurs propres seaulx ensemble le mien.

« Cy-finist, ajoutent nos manuscrits, le testament de Maître Guil- « laume. »

Les deux transcriptions qui nous ont été les plus utiles sont celles de l'hôpital de Saint-Amour. La première (5e liasse, n° 1, 1 cahier in 4° papier, — 18 feuillets), porte en tête ces quelques lignes :

« La présente coppie a esté faicte sur celle du testament cy men- « tionné auctorizée par le sieur Réverend official Colombet, sur l'attes- « tation des sieurs ecclésiastiques y dénommez et ce, par ordonnance à « moy faicte le pénultième du mois de décembre de l'an mil six cent « vingt-six, par Révérend Messire Guyenet Meynier, prebstre, docteur en « théologie et curé de Septmoncel, comme juge d'appel en cette partye, « ayant esté la collation de la dicte coppie faicte en présence de véné- « rable mèe Jacques Nicolas Michallet, prebstre, procureur du sieur « Nurrin promoteur en lad. officialité, ce cinquiesme du mois de janvier « mil six cent vingt-sept. — G. Pernet, scribe. »

On lit en tête de la seconde (liasse 5, n° 1 — 1 cahier papier in 4° de 6 feuillets) : « Copie du testamt de mèe Guillaume de Saint-Amour, « docteur en théologie, et professeur à l'université de Sorbonne, mort « en l'an 1272, tirée de la bibliothèque de Monsieur l'abbé de Balerne, « premier consulteur clerc en la cour souveraine de Dôle, au comte

« de Bourgogne, le 20 aout 1667, par mêe René François Desgland « prebstre, de Saint-Amour, et chanoine de l'Église collégiale de Notre « Dame de Dôle. »

II. — BIBLIOGRAPHIE DES ŒUVRES DE GUILLAUME DE SAINT-AMOUR.

BIBLIOTHÈQUE NATIONALE. Fonds latin.

2482. Ms. contenant (fol. 56-83) l'opuscule de Guillaume de Saint-Amour, intitulé : « Tractatus brevis de novissimorum temporum periculis ex scripturis excerptus et in certa capitula digestus. *Ecce videntes clamabunt foris...* »

A la fin, on lit : « De dono magistri Symonis Fumière. »

Parchemin. Écriture du quatorzième siècle. Nos 30-38 de Colbert et n° 4245. 8 de l'inventaire de 1682.

3183. « Wilhelmus de Sancto-Amore. Collectio catholice et canonice scripture ad defensionem ecclesiatice ierarchie et ad illustracionem et preparacionem simplicium fidelium Christi contra ypocritas, pseudo predicatores et penetrantes domos et ociosos et curiosos et gerovagos. *Prologus. Sapienciam antiquorum...* »

Fol. 1-169.

Parchemin. Écriture du quinzième siècle. N° 3118 de Colbert et n° 3911. 3. 3 de l'inventaire de 1682.

3183. A. « Collectio catholici et canonice scripture ad deffensionem ecclesiastice ierarchie et ad instructionem et preparacionem simplicium fidelium Christi contra pericula iminentia ecclesie generali per ypocritas, pseudo predicatores et penetrantes domos et ociosos, curiosos et gerovagos. *Incipit prologus* [*S*] *apienciam antiquorum...* »

Ce ms. est incomplet de la fin.

Papier. 184 feuillets. 240 millimètres sur 203. Écriture du quinzième siècle. N° 454 de De la Mare et n° 4288. 5 de l'inventaire de 1682. Reliure en parchemin.

9601. Folio 3-132. « Collectio catholice et canonice scripture ad deffensionem ecclesiastice ierarchie et ad instructionem et preparacionem simplicium fidelium Christi contra pericula eminencia ecclesie generali per ypocritas, pseudo predicatores et penetrantes domos et ociosos et curiosos et gerovagos. *Incipit prologus. Sapienciam antiquorum...* »

Ce ms. a appartenu à Guillaume de Hollande, évêque de Beauvais, qui le donna à son église, pour l'usage des étudiants, le 15 février 1461 (v. st.), comme on le voit au fol. 142 v°.

Parchemin. Écriture du quinzième siècle. Lettres ornées, n° 1277 du supplément latin.

9602. Copie de l'ouvrage précédent, préparée pour l'impression. En tête, préface au lecteur.

Papier. 595 feuillets. 342 millimètres sur 214. Écriture du dix-septième siècle. N° 86 du supplément latin. — Reliure en parchemin du temps.

11693. « Collectio catholice et canonice scripture ad defensionem ecclesiastice ierarchie et ad instructionem et preparationem simplicium fidelium christi contra pericula imminencia ecclesie generali per ypocritas, pseudo predicatores et penetrantes domos et ociosos et criminosos et curiosos. *Incipit prologus. Sapienciam antiquorum ..* »

Suivent divers traités d'autres auteurs.

Parchemin. Écriture du treizième siècle. N° 383 de Harlay.

14539. Fol. 1-116. « Collectio catholice et canonice scripture ad defensionem ecclesie ierarchie et ad instructionem et preparationem simplicium fidelium Christi contra pericula imminencia ecclesie generali per ypocritas, pseudo predicatores et penetrantes domos et ociosos et curiosos et gyrovagos. *Incipit prologus. Sapienciam antiquorum...* »

Parchemin. Écriture du treizième siècle. N° 856 de Saint-Victor.

14880. Ms. contenant (fol. 81-95) mais incomplètement, une réponse de Saint-Amour aux Mendiants qui l'avaient attaqué au sujet de plusieurs propositions avancées par lui. « *Dixit enim quod...* »

Parchemin. Écriture du treizième siècle. N° 606 de Saint-Victor.

15661. Ms. contenant (fol. 113-123) le traité de Guillaume de Saint-Amour, intitulé : « De novissimorum temporum periculis. [Q] uia nos vacantes... »

Parchemin. Écriture du treizième siècle ou du commencement du quatorzième. N° 331 de la Sorbonne.

15757. Traité de Guillaume de Saint-Amour. Fol. 1. « Prologus. Collectio catholice et canonice scripture ad defensionem ecclesiastice ierarchie et ad instructionem et preparationem simplicium fidelium Christi contra pericula imminencia ecclesie generali per ypocritas, pseudo predicatores et penetrantes domos et ociosos et curiosos et gerovagos. *Incipit prologus. Sapienciam antiquorum...*

A la fin on lit : « Iste liber est pauperum magistrorum de Sorbona ex legato precio quinquaginta solidorum parisiensium ; incathenetur in libraria magna. »

Parchemin. 161 feuillets, moins le folio 88. 265 millimètres sur 185. Écriture du treizième siècle. N° 509 du fonds de la Sorbonne. Reliure en parchemin vert.

15758. Le même ouvrage.

Sur le feuillet de garde, on lit : « Ex libris Claudii de Precellis, doctoris Sorbonici. Ex dono illustrissimi viri domini Henrici Ranchin in suprema computorum et subsidiorum Occitania curia senatoris, qui hunc librum habuit ex bibliotheca patrui sui Guillelmi Ranchini in eadem curia quondam advocati regii, postmodum in suprema Tolosani parlamenti curia senatoris. — Dono sibi datum bibliotheca dedit S. M. noster ac socius D. de Precellis. »

Parchemin. 215 feuillets. 275 millimètres sur 190. Écriture du treizième siècle, à deux colonnes. N° 340 du catalogue des mss. de Richelieu. Reliure ancienne en parchemin.

15812. Ms. contenant (fol. 22-26) : « Propositiones mendicantium quas opponunt G. de Sancto Amore. *A consiliario malo...* »

Parchemin. Écriture du quatorzième siècle. N° 5112 de la Sorbonne.

16391. Ms. contenant (fol. 1-169) : « Collectio catholice et canonice scripture ad instructionem et preparationem simplicium fidelium Christi contra pericula inventa ecclesie generali per ypocritas, pseudo predicatores et penetrantes domos et ociosos et curiosos et gerovagos. *Incipit prologus. Sapienciam antiquorum...* »

Parchemin. Écriture du quatorzième siècle. N° 508 de la Sorbonne.

Outre ces manuscrits connus et décrits par M. Ulysse Robert dans son Catalogue des Manuscrits relatifs à la Franche-Comté (Champion, 1878), Mme Bernard de Pelagey m'en a remis un autre très important et très beau (il contient fol. 1 à 158) : « Gulielmi de Sancto-Amore opera contra ordines mendicantium » et commence ainsi : « Sapientiam antiquorum... » C'est la *Collection des Écritures*, etc..., le dernier ouvrage de Guillaume, tant de fois copié et autrefois si répandu. Ce manuscrit très bien conservé, relié en veau brun, est écrit d'une bonne écriture cursive, à deux colonnes, du quatorzième siècle, et orné d'un certain nombre d'initiales rehaussées d'or. Malgré le soin que j'ai mis à le collationner avec l'édition de 1632, je n'ai relevé que des variantes peu nombreuses et dépourvues d'intérêt.

Mais la fortune du génie, ce n'est pas ce que la Providence, mystérieuse en ses desseins, a pu lui départir des biens de ce monde. Sa vraie fortune, c'est le trésor de sa pensée; ses vrais héritiers, ce sont les fils de son esprit, les continuateurs de son œuvre ici-bas. Et ceux-là sont nombreux qui dans cet ordre de choses tiennent du Maître de Saint-Amour, et la pensée du docteur ne s'est pas endormie avec lui dans l'ombre froide du tombeau, mais plus forte jadis que tous les revers, plus forte maintenant que la mort, elle va revivre en des disciples nombreux et agir comme aux beaux jours de la grande querelle.

A la Sorbonne surtout, dont Guillaume avait été l'un des premiers *Socii*, sa mémoire était restée en vénération, et l'on avait fait peindre son portrait sur l'un des vitraux de la bibliothèque, afin d'avoir toujours sous les yeux les traits de son visage, comme présentes à l'esprit ses leçons, au cœur le souvenir de son courage.

Puis, quand vint la grande erreur du Protestantisme auquel la classe lettrée devait fournir d'illustres recrues et dont les religieux de tous ordres étaient les plus redoutables adversaires, les colères soulevées contre ceux-ci, et depuis assoupies, se réveillèrent plus vigoureuses que devant. On se souvint que, le premier, le docteur de Saint-Amour avait dénoncé à l'indignation publique ces *oisifs*, ces *mendiants*, ces *gyrovagues*; on se souvint qu'il avait tenu tête à eux tous réunis contre lui, soutenus même de l'autorité du Pontife romain ; on se réclama de lui comme d'un ancêtre ; on recourut à ses ouvrages comme à des arsenaux toujours remplis d'armes excellentes; on exhuma ses vieux syllogismes, ossements arides sur lesquels passa de nouveau le souffle de la vie, et qui de la poussière où ils blanchissaient se levèrent pour le grand combat.

Alors on livra à l'impression ce qu'on put retrouver des précieux manuscrits. Ce fut d'abord le *Livre des Périls*, tout entier, mais qu'on attribue à toute l'Université, comme avaient fait du reste les Mendiants au treizième siècle, avant que Guillaume s'en déclarât le seul auteur responsable.

Puis vinrent ensuite son *Sermon pour le jour de la fête des saints apôtres Jacques et Philippe* et l'*Explication de la parabole du Pharisien et du Publicain*. Le tout était mêlé à d'autres pièces du même genre et du même temps, et publié en un volume petit in-octavo, imprimé à Bâle en 1555, sous le titre plus que significatif et trop justifié d'*Antilogia Papæ* (1).

Près d'un siècle après, la Sorbonne, séparant sa cause de celle du Protestantisme, mais sans faire retour encore à la pure orthodoxie, passa dans le camp du Jansénisme. — Les partisans de ce nouveau système ne crurent pas pouvoir faire mieux que leurs aïeux, et, par les soins d'un des leurs, « Valérien de Flavigny (2), docteur en Sorbonne, professeur au collège Royal », parut une édition plus correcte, et contenant à part tout ce qu'on put retrouver des œuvres de Guillaume.

Cette édition, imprimée probablement à Paris, sous la fausse rubrique de Constance, à cause de l'interdit qui pesait toujours sur les écrits du docteur, est un volume in-4° de 506 pages non compris l'introduction, qui est de 76 pages numérotées à part. En tête se trouve le portrait de

(1) Cet ouvrage est devenu très rare. Le plus bel exemplaire que nous en connaissions est celui de la *Casinatense* de Rome. C'est un volume petit in-8°, papier vergé, d'une belle impression, avec lettres initiales et petits culs-de-lampe.

(2) D'autres disent : *Valérien de Cordes*.

Guillaume, reproduction du vitrail de la Sorbonne et dont nous avons parlé aux premières pages de cette étude.

Voici le titre entier de l'ouvrage (1) :

Magistri Guillielmi de Sancto-Amore, sacræ facultatis theologiæ Parisiensis e celeberrima domo Sorbonica doctoris, olim integerrimi, opera omnia quæ reperiri potuerunt, in quibus ad defensionem ecclesiasticæ hierarchiæ et ad instructionem et preparationem simplicium Christi fidelium de periculis novissimorum temporum agitur. Contra pseudo prædicatores, hypocritas et penetrantes domos et otiosos et curiosos et gyrovagos. — Constantiæ ad imaginem Bonæ Fidei, apud Alithophilos. — Anno d. M. D. C. XXXII.

Cette édition comprend :

1° *Introductio.* Sorte de préface où l'éditeur sous le pseudonyme de Alithophilos, fait à Chrétien Philalethes un récit long, diffus et souvent spécieux du procès de Guillaume de Saint-Amour.

2° *De Pharisæo et Publicano concio.* C'est le premier discours que nous avons de Guillaume. Il avait été déjà publié dans l'Antilogia Papæ.

3° *Tractatus brevis de periculis novissimorum temporum, ex scriptis sacris sumptis.* Nous en avons longuement parlé en son temps, il n'y a donc pas lieu d'y revenir. Le texte en est reproduit de l'édition de Bâle.

4° *Commentarium psalmorum Davidis regis.* Une courte préface de Guillaume annonce son intention de commenter tous les psaumes; il donne quelques détails sur le psautier, sa composition, etc..., le divise en trois parties dont chacune comprend 50 psaumes et correspond à l'un des trois états de l'homme. Il ne nous reste ensuite que le commentaire inachevé et sans intérêt du premier psaume. Les éditeurs annoncent qu'ils ont trouvé ce fragment dans les papiers de la Sorbonne.

5° *De quantitate elemosynæ quæstio.* L'auteur s'efforce de prouver par une multitude de citations tirées de l'Écriture Sainte et des Pères, qu'un homme n'a jamais le droit d'abandonner tout ce qu'il possède pour vivre uniquement d'aumônes. — Publié pour la première fois.

6° *De Valido mendicante quæstio.* C'est la continuation du précédent sujet. Un homme valide n'a pas le droit de se réduire volontairement à la mendicité. Donc à tout mendiant volontaire et valide on ne doit pas faire

(1) Cet ouvrage (*dont peut-être il a été fait deux éditions, l'une à Paris, l'autre à Constance?*) est assez rare en France où les religieux ont tout fait pour le détruire; mais il l'est beaucoup moins en Italie où toutes les grandes bibliothèques de Couvent en possèdent au moins un exemplaire, ce qui prouve la grande popularité dont il a joui dès son apparition.

l'aumône, car la faire ce serait l'encourager et l'aider à vivre dans un état pernicieux à son âme. — Publié d'après les manuscrits.

7° *Incipiunt casus et articuli super quibus accusatus fuit Magister Guillielmus de Santo-Amore a ff. prædicatoribus cum responsionibus ad singula.* Dans un long et fatigant plaidoyer de 22 pages, véritable argumentation scolastique, Guillaume passe en revue tous les reproches qui lui ont été faits par ses adversaires, soit dans leurs écrits, soit dans leurs discours, soit en présence du Pape ; il s'efforce de réfuter chacune de ces objections par des citations de l'Écriture et des saints Pères. — Publié d'après les manuscrits.

8° *Collectiones catholicæ, canonicæ et Scripturæ contra pseudo prædicatores*, etc. C'est, comme étendue, l'ouvrage le plus important de Guillaume de Saint-Amour. Il va de la page 111e à la 487e et se divise en cinq chapitres :

I. Des faux prédicateurs et de ceux qui pénètrent dans les maisons. — Ce qu'ils sont et combien dangereux pour l'Église.

II. Des oisifs, des curieux, des gyrovagues. — Comment ils vivent en opposition avec la doctrine apostolique et comment ils sont un péril pour l'Église.

III. Par quelles ruses ces hypocrites trompent les fidèles du Christ.

IV. A quels signes on peut les distinguer des véritables pasteurs.

V. Par qui et comment ces périls doivent être écartés de l'Église et quelle punition devrait être infligée à ceux qui se montrent négligents à remplir leur devoir.

Cet ouvrage est précédé d'une courte préface où l'auteur expose les motifs qui l'ont porté à composer ce nouveau traité, qui n'est du reste, nous l'avons dit, qu'une répétition, plus étendue et plus spécieuse, du *Péril des derniers temps*. (Publié pour la première fois.)

9° *Tabula de signis per quæ pseudo prædicatores discerni possunt a veris.* Ces signes sont au nombre de 50, et leur énumération n'est guère qu'une table des matières de l'ouvrage précédent destinée à le résumer ou à faciliter les recherches. (Publié d'après les manuscrits.)

10° *Sermo magistri Guillielmi de S. Amore, in die Sanctorum Apostolorum Jacobi et Philippi.* — Déjà publié en 1555, ce sermon est une répétition des mêmes arguments théologiques contre les Mendiants.

Mais à peine cette édition avait-elle paru que, déférée au Conseil du Roi, elle fut condamnée par arrêt du 14 juillet 1633, comme nous l'apprend l'extrait suivant « des registres du Privé Conseil du roi Louis XIII, « roi de France et de Navarre ».

« Sur ce qui a été représenté au Roi en son Conseil, qu'encore que

« par les Édits et ordonnances de Sa Majesté, il soit défendu d'imprimer « ni mettre en lumière aucuns livres notés de censure, ni ceux qui ten- « dent au mépris de la Religion Catholique et des choses reçues, et ap- « prouvées en icelle ; néanmoins il auroit été publié depuis peu en cette « ville de Paris, un livre intitulé : *Magistri Guillielmi de Sancto-Amore* « *opera omnia*, contenant plusieurs traités scandaleux faits au mépris « de plusieurs ordres religieux, reçus et approuvés de l'Église et en ce « Royaume, même contre l'autorité de Notre Saint Père le Pape et « entre autres le traité intitu lé : *De periculis novissimorum temporum*, « condamné il y a longtemps par le Saint-Siège apostolique, à quoi il « est nécessaire de pourvoir. Vu l'exemplaire dudit livre de 1256 et la « bulle de notre Saint Père le Pape, Alexandre IV, du mois d'octobre de « la deuxième année de son Pontificat, qui était l'année mil deux cent « cinquante six, portant condamnation du traité susdit comme méchant « et exécrable. Tout considéré, le roi en son Conseil a ordonné, que par « le premier des huissiers dudit Conseil, tous les exemplaires dudit livre « seroient saisis et portés au Greffe dudit Conseil. Fait Sa Majesté dé- « fense à tous Imprimeurs et libraires d'exposer en vente, vendre ni « débiter ledit livre, à peine de la vie ; et à tous autres, d'icelui retenir, « ni avoir par devers eux, à peine de trois mille livres d'amende contre « ceux qui s'en trouveront saisis. Fait au Conseil privé du Roi, tenu à « Paris le quatorzième juillet mil six cent trente trois.

« Carré. »

Vers le même temps on poursuivit judiciairement et on fit interdire par arrêt du Conseil royal la traduction en vers français du discours de Guillaume sur le Pharisien et le Publicain ainsi que celle de ses deux *Questions* sur la Valeur de l'aumône, et les Mendiants valides. Ces pamphlets imprimés à Rouen avaient été à profusion répandus dans le peuple.

Tout cela n'empêcha pas que de la doctrine proscrite il ne restât des traces persistantes, indélébiles dans l'esprit des jansénistes et que les écrivains ecclésiastiques les plus justement célèbres du dix-septième n'en furent pas toujours exempts. Thomassin, nous dit un auteur, « Thomassin, épilogue les mains pleines de textes, sur l'autorité du « Saint-Siège ». Bossuet, invente le Gallicanisme et les quatre articles, choses qu'on lui a tant de fois reprochées depuis sans qu'on ait jamais tenu à sa mémoire un compte assez rigoureux des ridicules dédains qu'a- vait ce grand homme pour les religieux et pour la vie pauvre des Men- diants. L'abbé de Rancé, tout en opérant à la Trappe une réforme heureuse en bien des points, ne sait pas se soustraire aux étroites idées jansénistes éparses dans l'air et respirées avec lui. Olier, lui-même, admet la distinction des deux clergés tant prônée par Guillaume de Saint-Amour : le clergé *séculier* d'institution divine; le clergé *régulier* d'institution humaine, et appuie cette thèse erronée d'un texte de saint Jérôme, déjà mis en avant par le docteur condamné de Saint-Amour et ramené par saint Thomas à son sens véritable : *officium monachi non est docere, sed plangere.*

Et comme si les errements de ces intelligences d'élite n'étaient point encore assez pour montrer la subtile et pernicieuse influence du vieux docteur scolastique, le synode de Pistoie affirme avec éclat une doctrine déjà tant de fois réprouvée, que le Saint-Siège anathématise une fois de plus et qui succombe enfin définitivement au concile du Vatican (constitution *Pater æternus*, qui rejette hors du sein de l'unité catholique quiconque refuse de reconnaître la plénitude de juridiction du Pape sur toutes les Églises, sur tous les Pasteurs, et sur tous les fidèles).

Il semble que ce soit assez de toutes ces condamnations. Pourtant il faut y ajouter deux choses encore.

D'abord les éloges prodigués à la mémoire de Guillaume par tous les ennemis de l'Église catholique ; puis les honneurs rendus par celle-ci à Thomas d'Aquin, l'heureux rival de Guillaume.

Les premiers font de celui-ci : « un libéral catholique doublé d'un « Lamennais, en lutte avec les Jésuites, Lourdes et la canonisation « de saint Labre.... il entre dans la lice avec une verve impitoyable, « un esprit de satire (il appelle les moines *papelards*) qui annonce Rabe- « lais, Pascal et Courrier ; une connaissance remarquable des Écritures, « un courage indomptable qui ne connaît ni les hésitations ni les « compromis (1).... » Nous laissons au lecteur le soin de juger si l'on peut pousser plus loin le ridicule dans l'absurde et dans l'ignorance.

La seconde fait de Thomas d'Aquin le premier de ses docteurs, le prince de sa science, le protecteur de ses écoles, l'un de ses plus grands saints, l'arbitre incontesté dans toutes les discussions théologiques de quelque nature qu'elles soient (2) et déclare enfin par la bouche du plus illustre

(1) A. Peaumier, *Encyclopédie des sciences religieuses*, t. V, article : GUILLAUME DE SAINT-AMOUR.

(2) Voir Innocent VI, *Sermo de D. Thoma*. — Clément VI, *Bulla in Ordine*. — Nicolas V, *Breve ad FF. Predicatores*, 1451. — Benoit XIII : *Bulla Pretiosus*. — Pie V, *Bulla Mirabilis*. — Clément XII, *litt. in forma brevis*, 1694. — Benoit XIV, *id.* 1752, etc. — Enfin : Léon XIII : *Encycl. Æterni Patris*. L'évêque Etienne III de Paris (1328) parle ainsi de Thomas : *Universalis ecclesiæ lumen præfulgidens ; gemma radians clericorum ; flos doctorum;... insigne claritate vitæ, famæ et doctrinæ, velut stella splendida et matutina refulgens.*

de ses enfants de ce siècle et du plus grand des frères de l'angélique docteur que « ce qui manquait encore à celui-ci du côté de la science « (au treizième siècle), il le retrouvait au dedans de lui par la souveraineté de la plus sublime raison qui fut jamais. Aucune expression « ne saurait peindre ce coup d'œil dans l'infini, cette domination de la « pensée qui s'empare des lois et de leurs causes et les réduit à un tissu « palpable que l'œil le plus vulgaire saisit et entend. Simple comme « l'aigle, vaste comme lui, on ne le perd jamais de vue dans son vol si « élevé qu'il soit, et ses serres puissantes écartant tous les nuages, il « demeure immobile dans la lumière et comme transformé en sa substance (1). »

Parvenu au terme de cette étude dont nous ne pouvons nous dissimuler entièrement les imperfections, du moins nous sera-t-il permis de nous réclamer du grand désir que nous avons eu d'être impartial, en exposant les péripéties diverses de cette longue et mémorable querelle des deux partis du clergé : Séculiers et Réguliers. Et nous ne demandons que le droit d'ajouter un seul mot.

Le clergé séculier n'a pas une autre mission que le clergé régulier, mais il a une autre manière de l'exercer et soit nécessité de sa propre constitution, soit nécessité des milieux où il vit, il semble parfois, sans cesser de regarder du côté du ciel, jeter un plus vaste regard sur l'horizon de cette terre. Dégagés de toutes préoccupations matérielles, soucieux seulement de pratiquer l'Évangile jusque dans ses moindres détails, les moines représentent ici-bas le nombre toujours trop petit des gens qui vivent de l'idéal et qui de générations en générations se lèguent le culte désintéressé des choses de l'esprit, du cœur et de l'âme.

Chercher à amoindrir cette catégorie, c'est porter une main sacrilège sur l'arche sainte de la dignité humaine, c'est faire en quelque sorte outrage à la société entière.

Et si Guillaume de Saint-Amour, et si ses partisans avaient réussi à atteindre le but par eux constamment poursuivi, c'en eût été fait des *Mendiants*, les plus actifs de tous les moines; c'en eût été fait par conséquent de l'un des éléments les plus agissants de cet admirable moyen âge dont ils sont la vivante incarnation et que par un juste retour ils ont si profondément marqué de leur empreinte.

Et si les Mendiants avaient disparu emportant avec eux dans l'oubli les trésors de science et de vertu dont ils ont enrichi l'Église, notre regret à nous, fils de l'Église moderne, se mêlerait de crainte pour l'avenir. Notre société contemporaine est plus malade que celle des douzième et treizième siècles. Elle a, comme ses sœurs des vieux âges, toutes les passions brutales de la chair, elle a de plus qu'elles le culte dégradant du veau d'or et le respect avilissant pour tous les succès, pour tous les triomphes, à quelque prix qu'ils aient été acquis; elle a de plus qu'elles la plaie profonde non pas même de l'incrédulité, mais de ce qui est pire : de l'indifférence. Les fils du *poverello* de l'Ombrie et ceux du *prêcheur* espagnol, mieux que d'autres, peuvent, s'ils le veulent, rapprendre peut-être à notre génération le secret perdu de cette vie future qui doit compenser toutes les inégalités, toutes les injustices d'ici-bas; mieux que d'autres redire, s'ils la possèdent dans toute sa plénitude, aux pauvres la Parole qui enrichit; aux humbles, celle qui relève; à ceux qui souffrent, celle qui console; à tous, enseigner par leur exemple les joies austères et fécondes du sacrifice.

Maurice PERROD.

TABLE DES CHAPITRES

	Pages.
I. Guillaume de Saint-Amour; son pays; sa famille; sa jeunesse..............	1
II. L'Université de Paris; son origine; son enseignement; ses privilèges; ses membres et leur genre de vie..	9
III. L'origine des Ordres religieux mendiants; l'accueil que leur fait la société..	27
IV. Les Dominicains obtiennent deux chaires de théologie; ce qu'ils firent pour les conserver malgré l'Université..	40
V. Le débat de l'Université et des Ordres mendiants porté devant le Souverain Pontife..	51
VI. Refus de soumission de l'Université et particulièrement de Guillaume de Saint-Amour aux ordres du Saint-Siège..................................	62
VII. Guillaume écrit son livre « Des Périls des derniers temps »............	74
VIII. Guillaume se décide à aller à Rome défendre son livre.................	84
IX. Le livre et l'auteur sont condamnés....................................	92
X. Obstination de Guillaume et soumission pénible de l'Université...........	102
XI. Exil et fin de Guillaume...	115
APPENDICE. I. — Testament de Maître Guillaume de Saint-Amour............	123
II. Bibliographie des œuvres de Guillaume de Saint-Amour..................	132

www.ingramcontent.com/pod-product-compliance
Ingram Content Group UK Ltd.
Pitfield, Milton Keynes, MK11 3LW, UK
UKHW021154260726
13994UKWH00001B/445

9 782329 349589